舊日足跡：香港地區與民生尋蹤

蕭國健　著

自序

近年，粵港澳大灣區（簡稱大灣區）蓬勃發展，該區包括廣東省九個相鄰城市：廣州、深圳兩個副省級市，珠海、佛山、東莞、中山、江門、惠州、肇慶七個地級市，香港與澳門兩個特別行政區。香港地區納入大灣區，未來將另有一番發展。

際此歷史嬗變時期，吾人有必要進一步認識香港之歷史、文化、古蹟、文物、社會風俗及民間信仰，以探究歷史之走向，認識前人之辛勞，激發愛國愛鄉之熱情，增強民族自信心與自豪感，從而利於日後之社會建設。

今年初，三聯書店給我提出了一個出版計劃，就是將筆者作品編為一套集子。我覺得這個建議很有意義，所以馬上接受了出版社的好意。這套集子將涵蓋香港地區之歷史、文化、古蹟、文物、社會風俗及民間信仰等方面內容，冀能成為有價值之文化積累。

蕭國健
2022 年仲冬月於顯朝書室

前言

二次世界大戰前
發展地區 CHAPTER 01

二次世界大戰後
發展地區 CHAPTER 02

公共建築　CHAPTER 03

體育活動發展　CHAPTER 04

公園發展　CHAPTER 05

前言

　　香港位於粵東南面濱海，自古為崒、傜等土著居停之所，以漁、樵、農、獵為業。唐宋間，中原多故，北人相繼南遷定居，以本土山水之優美，土地之肥沃，遂發展煮鹽及種香各產業。英人東來之前，港島已有村落十數，新界地區村落且多至三百餘，可見英人來港之時，香港已不是小漁村。

　　1842 年香港島開埠，其時寇患及天災頻繁，華洋間磨擦頗多，後歷半世紀的合作、發展與磨合，至二十世紀三四十年代，香港竟發展為一商業名城。惜 1941 年 12 月日軍襲港，守軍雖奮勇頑抗，終因眾寡莫敵，全境淪陷，遂致三年零八月的黑色（暗）日佔時期。1945 年香港重光，再行發展。至 1980 年代，香港一躍為國際金融中心。1997 年 7 月回歸中國，成為中國之香港特別行政區。

　　余近十多年來於各大專院校從事香港歷史教學，開設香港古代史及香港近代史課程；古代史講授 1842 年前的香港歷史，十多年前香港中華書局已另書出版，近年且有再版增訂。

　　香港近代史講授香港、九龍的開埠及新界租借經過，港島維

多利亞城的發展，開埠初期香港所遇到的種種問題，二十世紀初期的社會及經濟發展，中港兩地的政治及經濟影響，1941年日軍襲港、其後三年零八月日佔的情況及1945年香港重光經過，已蒙香港三聯書店代為出版，題名《簡明香港近代史》，且有再版增訂。至香港之現代史（1945-1997）及當代史（1997年至今）則未有介紹。

本書題為《舊日足跡：香港地區與民生尋蹤》，目的是介紹二戰前後港九多區的發展、港九公共建築、香港體育活動及兒童遊樂場的發展、兒童傳統遊戲，以及公園的發展，使讀者認識香港近現代社會民生的演變及發展。

本書蒙香港三聯書店代為出版，特此致謝。書中有不足或錯漏之處，敬請賜正。

2022年初夏
蕭國健於顯朝書室

※ 二次世界大戰前發展地區

CHAPTER 01

港島中區卅間

　　「卅間」，又稱三十間，舊為城皇街兩旁的社區，原位於港島中區中環與太平山之間，約為荷李活道以南、堅道以北、卑利街以西地帶，以必列者士街與士丹頓街為中軸。「卅間」一名源自該處昔日有三十間屋。二戰前，該區為潮汕及海陸豐貧民聚居之地。

　　十九世紀末，廣州商人莫仕揚來港經商，主要經營地產及建築生意，莫氏以每呎一兩白銀的價錢，向港府申領土地，於士丹頓街位置建三十幢樓宇，該地因而得名。日軍襲港時，「卅間」連同必列者士街一帶之樓宇同毀於戰火，與區內多條街道同被稱為「卅間廢墟」。

　　戰後，政府委託何甘棠等籌劃重建「卅間」，於廢墟上建造房屋，計劃容納八千餘住客，後一場大火，焚屋二百多間。其後，華人社區成立卅間復興委員會，當時由保良局首席總理馬敘朝領頭，與居民及政府一起商討重建項目，主要是興建唐樓，為

市民提供住所。隨着重建，卅間之三十幢樓宇亦被拆除，今只餘位於士丹頓街 62 號之中區卅間街坊盂蘭會。

中區卅間街坊盂蘭會早在戰前已經成立，由海陸豐及潮汕人士成立，每年農曆七月例於館前舉辦盂蘭勝會。時至今日，該會仍有舉辦盂蘭勝會，其間例有派米及「朝幡」科儀，晚上更會掛滿燈籠，由長老焚化紙紮祭品，祈求風調雨順，此俗至今相沿不替。

城皇街

區內的城皇街（Shing Wong Street）為一石樓梯路，位於港島中西區上環山坡，南起自半山區的堅道，石樓梯路經士丹頓街及荷李活道警察宿舍西面，及前中央書院舊址，今聖公會基恩學校西邊行車線，直到中環歌賦街交接止。其北面交會處，有一條通往上環荷李活道 260 號荷李活華庭的小街樓梯。

該街有過百年歷史，根據施其樂牧師（Carl Thurman Smith）的研究，香港開埠初期，在維多利亞城中環區 91 號地段中，附近曾有一座城隍廟，據說該座城隍廟有可能是建於 1843 年，甚至更早，估計是維多利亞城內第一座廟宇。1875 年起幾年間，城隍廟更曾用作臨時精神科庇護中心，收容歐洲精神病人。後來城隍廟清拆，港英政府於 1876 年購回土地，用來建造中央書院新校舍（後來改名為維多利亞書院，亦即是皇仁書院前身），於是城隍廟及相鄰的房屋被拆，只留下「城皇街」一名。

己連拿利谷（鐵崗）

　　己連拿利谷（Glenealy Ravine），位於香港島中環政府山以西、畢打山以東。己連拿利谷早期曾名為鐵崗及義律谷（Illiot Ravine）。義律谷改名，與義律去職有所關係。鐵崗名字的由來，則來自干德道的鐵缸。該地舊名為忌連拿利，但因「忌」有忌諱的意思，1970 年代遂改為己連拿利。

　　干德道（Conduit Road），舊稱干讀道，為香港半山區一主要道路，東端連接香雪道及己連拿利交界，西端連接旭龢道及克頓道交界。干德道的建設源於 1864 年薄扶林水塘發展儲水計劃，其時，政府於港島半山區西南邊斜坡，鋪設一條主輸水管，為該區一帶供水。在世紀末，建成一條馬路，名 Conduit Road，當中的 Conduit 即輸水管之意，中文則音譯為干讀道。香港日佔時期，干德道曾經被更改名稱為出雲通。1976 年 9 月 26 日，港

府於憲報宣佈干讀道改名為干德道。

己連拿利谷

己連拿利谷分為三段，向南伸延至山上的干德道。北段自雲咸街、下亞厘畢道交界，藝穗會之所在地起，至堅道及上亞厘畢道相遇交架，此處有一行人隧道及公眾洗手間（己連拿利公廁）。

中段自穿過行人隧道起為行車路，將堅道、上亞厘畢道及亞畢諾道交界，上山南行至香港明愛大廈西餐廳入口、香港動植物公園西邊入口、高主教書院地下入口及香港聖母無原罪主教座堂停車場連接，再向南行則是一段只可行人的小山路，該處有山水流下。

南段則在羅便臣花園以南、香雪道以北之間，由行車天橋及斜路構成，稱為己連拿利天橋（Glenealy Flyover），由小山路及樓梯開始駁上行車天橋，之後由行車斜路上干德道及香雪道交界。該段可讓車輛由羅便臣道連接上干德道，於 1979 年 12 月 13 日由時任立法局議員鄧蓮如主持啟用儀式。

聖保羅堂

聖保羅堂（St Paul's Church）位於香港中環己連拿利 1 號，於 1911 年創立，為香港聖公會香港島教區教堂。

1909 年，林護、黃茂林、李維楨及史超域牧師商議組織堂會，於中環興建禮拜堂。首先借用會督府之小禮拜堂，作為主日

崇拜，再與聖保羅書院合作建一樓宇，1911 年 10 月 28 日聖保羅堂落成開幕。該堂屬哥德式風格，頂部建有尖長塔樓，上層為禮拜堂，下層用作聖保羅書院課室。

　　1919 年，港府撥地擴充教堂，建禮賓樓，名馬丁樓，該樓高三層，初為聖保羅書院宿舍，後改作傳教士居所。1928 年，聖保羅堂成為牧區，直轄會督。1934 年獲何明華會督之助，港府再撥地，教堂加長四十呎，並加建閣樓及牧師住宅。1935 年新堂落成，莫壽增到堂施行按手禮及聖餐禮。

聖保羅堂

日佔時期，教堂被日軍佔用為憲兵講習所（訓練學校），禮賓樓曾為中立國基督徒的避難所。戰後，日軍將教堂交還聖保羅堂，1945年9月2日舉行獻堂禮。1950年撥款補償聖保羅書院，作為購買伍廷芳堂的建築費，改建為聖保羅堂副堂。1971年聖保羅堂創立六十週年紀念，將「牧師樓」改名為「雪卿樓」，作為辦公及會議交際之所。

1990年修葺教堂，辦公室設備全面電腦化。1991年聖保羅堂八十週年堂慶，教堂將聖壇移前，加彩色玻璃，二樓部分改建成嬰兒室。

會督府

會督府（Bishop's House），正式名稱為香港聖公會教省辦事處，又稱聖公會會督府，現稱主教府，位於香港島中環下亞厘畢道1號，近鐵崗一帶，為「政府山」一部分。

早於1841年，史丹頓（Vincent John Stanton）牧師已開始在英國籌集款項，在港創立一所為華人而設的學校，名聖保羅書院。起初，該校規模甚小，只有一位導師及九位學生。1843年，史丹頓被任命為香港殖民地牧師。當新的維多利亞教區成立時，史丹頓牧師將書院移交給新任命的施美夫主教。

會督府於1848年建成，用作主教住宅。1849-1950年期間曾用作聖保羅書院校址，二戰後，聖保羅書院遷往般咸道。會督府現為香港聖公會教省辦事處，並已被列為一級歷史建築。

該建築屬都鐸復興式建築風格（Tudor Revival Architecture），設計簡單優雅，屋基石由花崗岩築成，兩層樓高，單邊後方有三層高碉堡式八角塔樓。

廣傑樓

建於 1851 年，原本為聖保羅書院南翼，為書院最早期的校舍。後曾用作基恩小學校舍及聖公會刊物辦事處。2007 年修復後改作明華神學院課堂及宿舍，並取名為「廣傑樓」，以表揚鄺廣傑大主教。

雪廠街

雪廠街（Ice House Street）位於香港島中環，南段連接近藝穗會的雲咸街，北段與干諾道中交界。「雪廠街」之得名，是因該處曾有一座儲存冰塊的冷藏庫。港人稱冰為雪，雪廠就是儲冰的倉庫。1845 年 4 月 17 日，該冷藏庫在雪廠街建立，當時中環尚未填海，雪廠就在海邊，運冰船卸貨入倉非常方便。

該雪廠為一座兩層高的建築物，地皮由香港政府免費批予，期限為七十五年，作為附帶條件，雪廠須以廉價供應冰塊給公立醫院。該廠每天出冰兩次，一次為上午五至七時，一次為下午二至四時，每天消耗量約七百磅。美國冰一度獨佔香港的冷藏市場，直到 1866 年間，凱爾才在灣仔春園街一帶設廠自製冰塊，與之競爭。1880 年以後，本港自製的冰塊售價較廉，遠道而來

的美國冰無利可圖，便停止輸入。

　　輸入美國冰的丟杜公司後與凱爾的香港製冰公司合併，且交由渣甸洋行旗下之牛奶公司冰廠經營。1883 年，港府將雪廠街地皮以九百九十九年租期批予渣甸洋行。1892 年，舊牛奶公司倉庫建成，該倉庫樓高三層，最初只作冰庫之用。1896 年，牛奶公司將總部搬到此處，並先後加建屠場、餡餅生產工場、牛奶分銷中心、零售冰粒雪庫、副食品工場，以及鍋爐間等設備。香港電燈公司興建一間小型發電廠 ——「雪廠街發電廠」，供應電力予雪廠使用，而多餘的電力，則提供給中環附近一帶的大酒店及電影院。1913 年，原倉庫被翻新為牛奶公司總經理住所。1918 年，渣甸洋行將該地轉售給牛奶公司。其時，該小型發電廠仍然存在。

　　日佔時期，日軍曾將倉庫掠奪一空。香港重光後，該址恢復作為牛奶公司總部。1982 年，牛奶公司遷往鰂魚涌太古坊德宏大廈迄今。同年，香港外國記者會進駐北座，藝穗會則在 1983 年 12 月遷入南座，至今仍之。

大角咀的樹名街道

　　大角咀為一細小半島，本名「石峽角」，海旁有福全鄉，範圍約為今日福全街、大角咀道、通州街，以及界限街部分地段。

　　十九世紀中葉，該處村民常將村內生產的農產品，運到港島售賣，其時，福全鄉旁海濱設有中國海關關卡。1860 年英人割佔九龍後，因該地位處中英邊界，成為三不管地帶，區內賭場與妓院林立，該處的三條小街被稱為「三陋巷」，位置約在今福全街。

　　1871 年，港英政府首次將大角咀官地拍賣，外資商人投得海旁地段，興建四海船塢；及至 1888 年，黃埔收購該船塢，改名為大同船塢；隨後油麻地小輪公司興建大角咀船廠，外商又興建汽油庫，僱用不少本地村民。1910 年代以後，大角咀逐漸成為九龍的工業區，區內各類工廠林立。

1880 年代港府平整大角咀區土地，因當地生長不少長春藤，故英國人開闢道路時便稱這條路為 Ivy Street，Ivy 本為長春藤，惟被音譯為埃華街。二十世紀初，大角咀的填海工程逐步完成，開闢了不少街道，港府便順次用植物名稱命名這些新築街道，包括：白楊街（Poplar Street）、合桃街（Walnut Street）、杉樹街（Pine Street）、松樹街（Fir Street）、柏樹街（Cedar Street）、柳樹街（Willow Street）、洋松街（Larch Street）、棕樹街（Palm Street）、菩提街（Lime Street）、楓樹街（Maple Street）、榆樹街（Elm Street）、槐樹街（Ash Street）、橡樹街（Oak Street）、櫸樹街（Beech Street）、櫻桃街（Cherry Street）。

詩歌舞街的英文名稱為 Syncamore Street，Syncamore 中文為無花果，由於當時購入大角咀土地者，大多數為華人，傳統華人習尚喜歡開花結子，如果將這條街道直譯為無花果樹街，聽起來無花無果，很為不吉利，遂按讀音將其雅譯為詩歌舞街。

戰後大角咀的填海工程仍然持續，今日之帝峯・皇殿及奧海城三期所在，便是在 1970 年代完成的新填海區。隨着市區人口密集化，大角咀的工業用地逐漸被改作住宅用途。

油麻地八街

　　油麻地（Yau Ma Tei）位於香港九龍南部，行政上屬油尖旺區。傳統範圍北至登打士街與旺角分界，南至柯士甸道接壤尖沙咀，而自甘肅街以南一帶因應地鐵興起而形成佐敦地名，東面為何文田及京士柏。該地又名蔴埆、蔴地、馬地、油蔴地，為淺灣旁一沙洲，早年人煙稀少。有傳於明代已有鶴佬漁民在此碇泊居停。清嘉慶《新安縣志》還沒有關於油麻地的記載。

　　1800 年，該地漁民於今廟街及北海街交界海旁，建一小天后廟。1864 年，政府發展油麻地，將尖沙咀村民遷往以開發該區。翌年重修廟宇，以是漸具規模。1870 年，油麻地居民及商人組成油麻地五約（油蔴地、尖沙咀、官涌、旺角及深水埔），重修該廟。據廟內同治九年（1870）碑記所記錄的三百四十多個捐助者及商號名字，當中包括大鵬協鎮府及九龍分司官員，足見

該廟備受地區人士重視。

據 1873 年的差餉冊記載，油麻地居民多經營船隻維修、理髮、米店、妓院、長生店、儀仗花轎、鐵匠等生意，或售賣麻纜、槳櫓、木材、雜貨、鴉片等。1874 年甲戌風災，原廟被摧毀。當地居民於翌年籌募經費，並於 1876 年選取榕樹頭現址進行重建。廟宇附近有各種公共設施。1875 年，不少售賣補漁船用的桐油及麻纜的商店於區內設立，成為「油蔴地」（油麻地）這個地名的起源。

1876 年，在油麻地擁有地段的業主，自行進行填海工程。1880 年代初，香港政府亦將油麻地沿岸沼澤地填平，建成新街道。由於此街由被判苦工監的犯人所興建，故名為 Reclamation Street，中譯懲戒街。1887 年，天后廟以南及以北的街道被政府命名為廟南街及廟北街，其後合併稱廟街。1910 年，懲戒街改名新填地街，英文名稱則不變。

初時，新填地街只為連接實靈街至甘肅街。至 1900 年，香港政府再次填海，延長新填地街，而海岸線則被推至渡船街的位置。1909-1915 年，隨着油麻地避風塘興建，新填地街延展至現時旺角區。時至今日，九龍西部的海岸線，因進行西九龍填海計劃，已被推至西九龍公路以西。

1900 年香港政府填海所獲之土地被規劃成街道，並建築各式各樣建築物。該批街道初無特別命名，只直接以數字作名稱 —— 第一街至第八街。1909 年，港府刊憲，整理九龍街道名

稱，此八街遂被重新命名：第一街改稱甘肅街，第二街稱北海街，第三街稱西貢街，第四街稱寧波街，第五街稱南京街，第六街稱佐敦道，第七街稱吳淞街，第八街稱寶靈街。此等名稱沿用至今。

油麻地天后廟

西環七臺

西環七臺為香港堅尼地城一個歷史悠久的住宅區及街道群，坐落於薄扶林道與卑路乍街之間，東為李寶龍路，西為山市街。堅尼地城在填海前，房屋依山而建，山上開墾作建屋之用的平地，稱為「臺」。

十九世紀末，西環七臺一帶的山坡原稱「西環山」，這幅地皮最初由李陞購入，其後交給兒子李寶龍（李寶椿兄長）發展住宅物業。其時，該處原有法拉角炮台（Fly Point Battery），建於1890年，位於卑路乍炮台西南面山坡上，今太白臺及學士臺一帶，於1912年廢棄。1915年間，山坡上建成一座遊樂場，名太白樓，內有旋轉木馬、人工湖、射擊場等遊樂設施，樓座有點心供應，該地每年七夕舉行乞巧會，過節時常放煙花，並搜羅各地有趣的手工製品，引人觀賞。

其後該地先後發展七臺住宅區及街道群。七臺分別為太白臺、羲皇臺、青蓮臺、桃李臺、學士臺、李寶龍臺及紫蘭臺，從薄扶林道往海旁排列，因該住宅區的地產商李寶龍十分鍾愛李白，故各臺之命名，皆與李白有關。

學士臺之位置最高，其命名與李白曾於唐玄宗時任翰林學士有關，臺上房屋面積大，所居住者亦最富有，其中以華裔商人為主，僅有十三個街道編號。桃李臺取名自李白〈春夜宴桃李園序〉中「會桃李之芳園」一句，外型像一個新月，佔地最廣闊。青蓮臺因李白別號青蓮居士而得名，其內有魯班先師廟及廣悅堂公所。羲皇臺則取自李白〈酬王補闕惠翼莊廟宋丞泚贈別〉中「學道三十春，自言羲皇人」一句。太白臺以李白之字太白而名，該臺原為太白樓，1935 年 6 月 30 日正式禁止娼妓，石塘咀及九龍油麻地廟街所有妓院皆要關閉，石塘咀一帶的商業活動大受影響，太白樓亦難以維持，終於被拆卸重建，稱太白臺。其內有福慶堂香港道德會。東西兩道縱向延伸分別為李寶龍臺及紫蘭臺。而紫蘭臺之名則取自李白〈答杜秀才五松見贈〉中「浮雲蔽日去不返，總為秋風摧紫蘭」一句。

昔日七臺各自組織更練，配有木棍及銀雞，向每戶收取約三數元作為保安費及管理費。小販及賣藝者常於七臺間謀生。

二十世紀二十年代，李寶龍因生意失敗，被迫出售西環山還債，以致青蓮臺的魯班先師廟亦幾乎面臨拆卸。後買家合興公司的老闆李星衢及譚煥堂答允不拆該廟，交由廣悅堂管理。1980

年代初，紫蘭臺及李寶龍臺被清拆。西環七臺如今只剩下一條李寶龍路，用以紀念李寶龍這位熱愛李白的地產商。至於太白臺、羲皇臺、青蓮臺、桃李臺、學士臺等五臺內的住宅，亦多被改建成豪宅或私人屋苑。所餘唐樓依然保留古風，經常成為電影及電視劇集的取景地點。

魯班先師廟

青蓮臺魯班先師廟

魯班先師廟又稱魯班廟，位於港島西環青蓮臺 15 號，建於 1884 年，是當時受聘於西環山（薄扶林道以北及山市街以東）山坡的平台建造房屋及別墅之三行（泛指木工、打石和泥水行業）同業人士所集資興建。廟宇為一開間兩進一院式建築，設置多堵精巧的護牆及大量雕刻塑像、浮雕及壁畫。廟內供奉五位神祇，魯班先師位於第二進正殿，左方為財神，右方為張皇爺及門神土地，福德祠位於第一進左側。

廟內所奉祀的魯班先師，原名公輪般，春秋戰國時代魯國（今山東省）人，擅長木工，死後被尊為木匠的祖師。每年農曆六月十三日魯班先師誕，廟的值理會舉辦隆重慶祝儀式。是日，三行信眾及建築機構均會到廟拜祭祖師，祈求賜福，保佑工作順利及平安。以往，管理該廟的廣悅堂會在當天派發飯菜，其後改派餐券。該廟現被列為一級歷史建築。

魯班廟所在地段由富商李禮興以「禮興號」名義捐贈，但所立憑據早已不見。李氏後人將其地售予合興公司的李星衢及譚煥堂等，廣悅堂以「師廟之不可毀滅，古蹟之不可湮沒」為理由，與李、譚二人商討，二人慷慨送回，並在律師樓簽立送契。古廟業權曾多次易手，最終於 1921 年由廣悅堂廟宇管理公司接管。該廟於 1928 年及 1949 年重修，自後多次修葺，惟仍能維持原貌。1949 年，負責管理魯班廟的廣悅堂註冊為合法團體，名稱為「魯班廟廣悅堂建築業工商行」。以往曾積極支持該廟者，有

程振球之振昌建築、張鎮漢之昌利建築及周有之有利建築等。

廟旁（青蓮臺 16-17 號）本為空地，1949 年，於其地興建廣悅堂公所，公所樓高兩層，採用當年流行風格，現為三級歷史建築。初期曾借給剛成立的西環街坊會辦夜校，1965 年漢華中學遷往青蓮臺後，曾租給該校作為教師宿舍。如今，該處闢作陳列室，展示昔日工人所用的工具，如曲尺、墨斗、鋸、刨和扁鑿等，透過展覽重組打石過程，展示已消逝的用具，讓人得知此行業的光輝歲月。

漢華中學 1945 年於西環太白臺創辦，1965 年遷入西環青蓮臺，2006 年遷入小西灣校舍至今。

香港道德會福慶堂

香港道德會於 1924 年創立，原址在西環太白臺 6-7 號四樓，被廣東省南海縣紫洞善堂、善慶善堂、廣州善堂及崇正善堂之羅偉南（善安）、吳星槎（能和）、趙棟垣（昌善）及諸弟子等來港後租用作講舍，取名「福慶堂」，倡道講學。該會本着儒釋道三教聖賢精義思想，致力推動有關道德倫理、正心修身的研習及實踐。1927 年，該堂購買毗鄰 8-9 號，成立永久堂址。該堂的兩座大樓屬典型唐樓設計，樓高五層，每層均有露台，以鐵欄護圍，中央部分向外微彎，地下一層出租，以賺取租金。這兩座建築物均保存了二十世紀初港式唐樓的風格。

　　啟德濱（Kai Tak Bund）是指九龍城以南，前啟德機場北部一帶。啟德機場即因啟德濱而得名。1920 年代，香港人口激增，當時華人紳商何啟、區德（區澤民）、韋玉、周壽臣、曹善允等合資經營啟德營業有限公司（Kai Tak Land Investment Co., Ltd），在九龍灣北岸進行大規模填海，所獲地區名「啟德濱」。靠近城寨外龍津橋的新填地，闢建成多條以「啟」及「德」作名字之街道，其東西走向的街道為啟德道、啟仁道、長安街、啟義道、啟禮道、啟智道，南北走向的街道有一德路至九德路，沿各街道築成多棟民房，形成九龍寨城外新式花園城市住宅區。

　　1920 年完成首期工程，1927 年完成第二期工程。由於 1920

年代香港兩次罷工導致工程延誤，收入不符預期，啟德公司因此倒閉，這十多條街道最終只建成約半數。此計劃後期失敗後，部分空置土地於 1920 年代中期，被香港政府收回，成為早期的啟德機場。

日佔期間，日軍為擴建機場作軍事用途，九龍寨城的城牆及啟德濱的住宅皆被拆去，將石塊作建造跑道之用。戰後，該土地成為英國皇家空軍機場、飛行會及飛行訓練中心，及後建成啟德機場。今日啟德濱雖成歷史，其名稱則仍保留在舊啟德機場、啟德隧道及啟德郵輪碼頭之中。

啟德機場

啟德機場（Kai Tak Airport）位於九龍灣填海地帶上，機場跑道伸入九龍灣。1925 年啟用，初期為空軍機場，1936 年闢為民用機場。1941 年 12 月，日軍佔用該機場，以之為華南地區日軍空軍基地，並名為「啟德機場」，用以紀念啟德公司開拓之功。戰後，該機場於 1962 年發展成為亞洲區繁忙的國際機場。其後因該機場周圍樓宇密度甚高，空間甚窄，政府遂於大嶼山北岸赤鱲角島另建新機場。1998 年，赤鱲角新機場落成，啟德機場的地位遂為其所代替，其香港空運的歷史使命告終。香港國際機場自啟德遷往赤鱲角新機場，舊機場遂被廢置。近年，舊機場跑道末端發展啟德郵輪碼頭，鄰近土地亦已計劃發展，舊機場內發現之前清龍津石橋則被保留。

啟德郵輪碼頭

啟德郵輪碼頭（Kai Tak Cruise Terminal）位於九龍城啟德承豐道 33 號，即前啟德機場跑道末端。碼頭及泊位於 2010 年 5 月動工，2013 年竣工，2014 年 9 月啟用。政府期望，發展啟德郵輪碼頭，可幫助香港把握亞太區郵輪旅遊業市場增長所帶來的機遇，將香港發展成為區內郵輪中心。

該郵輪碼頭全長約八百五十米，樓高三層，大樓內有長達四十二米之無柱空間，於郵輪旅遊淡季時，可作展覽用途。碼頭設有兩個泊位，水深平均達十二至十三米。其邊岸檢察設施每小時可處理多達三千人次的旅客。

龍津石橋

龍津石橋，原為九龍寨城正門（東門）於岸邊的登岸碼頭。於清同治十二年（1873）動工興建，歷時兩年，至清光緒元年（1875）竣工。其後，因歷年沙石沖積，橋頭距水頗遠，故於光緒十八年（1892），在朝海一端加長木橋，橋盡頭作 T 字形，費用均由紳商捐集。

1910 年，加長的木橋改為混凝土結構。1924 年進行啟德填海工程時，石橋被埋在地下，但以混凝土加建的部分，則曾供油麻地小輪公司使用，至 1930 年，新建碼頭落成才被拆去。日佔期間，日軍於該地進行填海工程，該碼頭遂被泥土填蓋，位置難考。

龍津石橋橋頭處，即前九龍大街街口，有龍津亭。亭建於同治十三年（1874），高兩層，作古天壇模樣，構造工巧，足蔽風雨。行人經過，多賴為憩息之所；新官履任，當地民眾多以之為迎候處，故又名接官亭。光緒二年（1876）之〈創建龍津橋碑記〉及光緒十八年（1892）之〈擴建龍津橋碑記〉，皆嵌亭內。1930年間，港府為建設九龍，遂將該亭拆卸。其初，二碑遷放九龍城警署前西貢道口的三角形草地上。今該地已發展，二碑皆不知去向。

香港飛行總會（遠東航空學校）

香港飛行總會（Hong Kong Aviation Club）為香港最主要的業餘民間航空組織，其宗旨為推廣業餘飛行運動，為香港唯一提供飛行訓練、飛行教官訓練及簽發駕駛執照的組織，前身為遠東飛行學校、香港飛行會及香港航空會三者。會址設於九龍馬頭涌宋皇臺道31號，鄰近前啟德機場。

香港航空會（Hong Kong Aero Club）於1920年7月成立，為香港最早成立的民間飛行組織。1929年12月20日，香港總督金文泰倡議，成立香港飛行會（Hong Kong Flying Club），該會擁有首架於香港註冊的愛弗羅愛弗安（Avro Avian）型雙翼飛機（註冊編號：VR-HAA），會址位於啟德濱，會員約五十名，在經歷多次機庫火災、資金不足及糾紛問題後，於1933年解散。

1928年英國皇家空軍退役人員溫福拿（R. Vaughan F）抵港，於遠東航空公司任職。有鑑於香港飛行會的失敗，溫福拿

期望能成立一所新飛行組織。港府遂將香港飛行會的一切器械及資金津貼轉予溫福拿，使其成立遠東飛行學校（Far East Flying School），該校於 1933 年 11 月 7 日成立。

遠東飛行學校位於啟德機場西南端，擁有一系列資源配套，包括：教室、機庫、零件庫、工廠、職員宿舍及五架愛弗羅飛機，又禮聘英國皇家空軍退役人員為教官到香港任教，提供商業飛行執照（CPL）、私人飛行執照（PPL）及航空工程等課程；成功吸納了不少僑居外籍人士、海外華僑及學生赴港留學，甚至連民國政府也派遣官費學生前來留學。學校亦為香港義勇軍航空部隊提供訓練，並為香港皇家天文台收集氣象資料。

1930 年代，香港捲入二戰漩渦，空軍退役人員的教官被徵召入伍；香港淪陷期間，遠東飛行學校所有器材被日軍沒收，校址被夷平，為擴建啟德機場作準備。戰後，該校恢復運作。

1998 年啟德機場關閉後，香港飛行總會於 2003 年起，向地政總署租借九龍馬頭涌宋皇臺道 31 號會址，作教授理論課及進行飛行訓練之用。香港民航處要求該會於 2017 年 7 月 9 日或以前，停止飛行活動。該址的前身舊遠東飛行學校，現被古物諮詢委員會評為三級歷史建築。

啟德明渠

啟德明渠（Kai Tak Nullah），原為海濱地帶，1920 年時，商人何啟及區德在九龍城填海建成啟德濱，建有啟德明渠，連接附

近小河，並伸延至海岸。該渠長約 2.4 公里，由蒲崗村道起，沿彩虹道，經東頭村及太子道東，至啟德發展區，最後連接維多利亞港，為香港東九龍主要排洪渠道之一。

日佔期間，為擴建啟德機場，該渠被改建成為鳳凰溪的下游排洪河道，名為龍津河。當時的龍津河先流經今九龍城太子道富豪東方酒店，沿太子道東，經打鼓嶺道、遠東航空學校及譚公道一帶，最後沿宋皇臺道，至土瓜灣道北端一帶流出九龍灣。其後啟德機場進行擴建工程，在九龍灣填海擴建跑道，間接把舊有河口封塞。至 1970 年代才改道至今日的河口。

因都市發展，明渠長期受到重金屬與沉積物污染，導致水質欠佳及有異味滋擾。近年，香港政府渠務署不斷改善其水質，至 2018 年，明渠改善工程峻工，成效顯著。如今，該處河水清澈見底，生機盎然，亦已能吸引鷺鳥在河道兩旁樹木棲息及覓食。

北角位於香港島北面凸出之海角，故名。其地岸邊峻峭，公路發展於漲潮線上，且有切入山岩，海岸狹斜，缺乏耕地。開埠初年，北角尚少人居住，東面盡頭為七姊妹，西面銅鑼灣則為沼澤地。地距中區甚遠，鄰近的黃泥涌谷地更為疫症嚴重地區。1860 年前，香港因與內地通商為主，故島上無大發展。1866 間，北角仍少人居住。1874 年，銅鑼灣建避風塘堤壩，1880 年，北角炮台建成。1884 年填海完成，北角才開始發展。

1894 年，香港爆發瘟疫，1898 年更為嚴重，加上其時經濟不景，中西區人士開始東移北角發展。1894 年，太古糖廠開始生產，其時有道路連接中區與糖廠，途中有七姊妹警局、電器道

警局、威菲路警局及電報局。二十世紀初，香港地區瘟疫更盛，1902 年間，政府一度倡議，將金鐘地區的軍部東遷鰂魚涌，後因該處山地峻峭而罷議。其時，中區與北角有道路可通，連接較易。

1911-1932 年間因政治風潮，國內及海外富商相繼遷入香港者日眾，部分於山麓間興建高級住宅區。1919 年，香港電燈公司關閉灣仔發電廠，於北角興建北角發電廠，以應付大量電力的需求，1921 年投產。該發電廠於 1978 年拆卸，遺址建城市花園。1921 年間，爪哇糖業巨商郭春秧擬於北角填海，建築糖廠，因省港大罷工影響作罷，其後發展春秧街及渣華道一帶住宅區。

春秧街為香港北角一條單向街道，東起自糖水道，西端連接北角道。春秧街有「小福建」、「小上海」之稱，街道滿佈小販，兩旁樓宇地下有專門售賣福建及上海等地道食物的店舖。居民除早期抵港的移民外，亦有近三四十年抵港的後期移民。

春秧街的命名來自

春秧街

該地區的開發商郭春秧。郭春秧又名郭禎祥，福建同安人，早年喪父，十六歲遠渡南洋，投靠伯父郭河東，在糖廠學習以機器製糖的技術，後來成為當地四大糖商之一，糖廠更遍佈荷屬東印度各埠。他曾回到家鄉福建，投資及捐助建設農場、糖廠、貿易行及小學等，並且鋪路造橋，贈醫施藥。同時，他亦參與廈門鼓浪嶼的開發，亦於香港擴展糖業及地產業務。

1921 年，郭春秧於香港成功投得北角發電廠（即今城市花園）旁一幅面積達七萬五千平方呎的土地，本計劃興建糖廠，後因省港大罷工而延誤，加上當時糖價不斷下跌，郭春秧於是把獲得的土地，改為興建住宅，作為收租之用。最先建成為一排四十間相連樓房，老一輩稱之為「四十間」。1930 年代，政府將該處其中一條街命名為「春秧街」，以表揚他的貢獻。

1953 年，電車東行線終點站由銅鑼灣延伸到北角，但因英皇道的寬度不足以建立讓電車掉頭的迴圈，電車公司只得建設一段路軌，成為春秧街支線，讓東行車左轉進入北角道，右轉進入春秧街，再右轉到糖水道總站，離開總站時，則從糖水道右轉回到英皇道向西行。春秧街的特色是常有電車從中穿過，因為路上滿佈行人和攤販，每當電車從北角道右轉駛入狹窄的春秧街時，電車司機必須不斷響着「叮叮」，提醒行人閃避，以在人潮中緩緩前進，駛到市集東面盡頭，再右轉入糖水道，到達北角電車總站。近年該地被旅發局推介成香港旅遊景點之一，吸引世界各地不少遊客前來觀光。

九龍塘花園城市

　　清嘉慶《新安縣志》已載有九龍塘地名，且記載為官富司管屬村莊，原址位於今警察會球場至大坑東遊樂場一帶，當時，該處面臨大角咀與芒角咀之間用作曬鹽的淺灣，九龍塘因而得名。另一方面，當時西至石硤尾、東至九龍城以西一帶被統稱九龍仔，九龍塘亦為九龍仔一部分。

　　1937 年，香港政府劃出界限街以北九龍半島地區為新九龍，並細分為四區，其中一區稱「九龍塘」。1947 年地圖裏的 "Kau Lung Tong" 地區，為現時大坑東邨的位置。1964 年地圖裏的 "Kowloon Tong"，為現時又一村花園的位置。另一方面，九龍塘擴張後，九龍仔被一分為二：九龍塘以東九龍仔公園一帶，以及九龍塘以西石硤尾一帶，皆被稱為九龍仔。日佔時期，日軍曾將九龍塘行政區稱為鹿島區。

1979 年，地下鐵路（今港鐵）在區內設九龍塘站，連接新界東區。如今，石硤尾一帶只有老一輩才稱之為九龍仔，而窩打老道以東的九龍仔地區，則常被誤作九龍塘的一部分。

九龍塘花園城市

1920 年代，政府希望建立一個交通便利、自給自足的中型工商業市鎮，既接近農業區，但又把工商業與居屋分隔開來，同時是香港少有低密度洋房式住宅區，遂於界限街以北、窩打老道沿線的九龍塘地區發展花園城市。該花園城市為香港首個參照英國規劃師艾賓力薩‧侯偉德（Ebenezer Howard）著名的「花園城市」（Garden City）概念建造的住宅項目，1922 年，九龍塘花園城市由政府批給九龍塘及新界發展公司（Kowloon Tong And New Territories Development Co.）負責興建，東主為前立法局議員義德（C. Montague Ede），預計在八十畝土地上興建二百五十幢獨立或半獨立、附有小花園的兩層平房，並有學校、遊樂場等設施。

1925 年，工程遇上海員罷工、省港大罷工及發展商義德病逝等危機，面臨清盤，部分業主及股東請求何東協助，何東先組織九龍塘花園會所，繼續未完的工程，別墅於 1929 年相繼落成。

區內以平房及別墅為主，開發初期，該區吸引不少英國富商居住，為解他們思鄉之情，區內街道多以英國郡名來命名：雅息士道（Essex Crescent）、律倫道（Rutland Quadrant）、根德道（Kent Road）及志士達道（Chester Road）。由於感謝何

東協助的功勞，遂於九龍仔選取一條街道命名何東道（Ho Tung Road）。雅息士道附近建有九龍塘花園城市會所，設有泳池與球場供業主使用。位於花園城市內的三角花園，立有義德紀念碑。區內至今仍保留很多具有數十年歷史，甚至是 1920 年代「花園城市」建立時最早一批的屋宇，並保留着不少樹木，頗具市郊風味。

九龍塘花園城市

如今，政府規定九龍塘屋宇均為低密度建築，由於地主不能將物業以高密度形式發展重建，所以一般會將土地轉售或出租予時鐘酒店、老人院、婚紗舖、幼稚園等三數層樓面的商戶，致形成今日模樣。

九龍塘九廣鐵路車站

1974 年，九廣鐵路局實行鐵路電氣化時，決定特別於九龍塘設站，作為九廣鐵路車站之一，同時亦是觀塘綫地鐵轉車站，於 1982 年啟用。現時九龍塘是連接香港島、九龍及新界東部重要交通交匯點。為了配合 2007 年兩鐵合併，原分屬兩間公司的九龍塘站，現已統一管理，但仍以觀塘綫及東鐵綫劃分。

九龍塘耶穌基督後期聖徒教會中國香港聖殿

九龍塘耶穌基督後期聖徒教會中國香港聖殿位於九龍塘歌和老街，建於 1996 年，樓高八層，頂尖，上為身高八呎的天使摩羅乃金色雕像。該聖殿的建築風格別具一幟，在該區以至全香港享負盛名，曾榮獲 1996 年建築設計優異獎。

掃桿埔

掃桿埔又名掃管莆，舊稱箒管莆，是香港一個小山谷，名稱源自該處從前盛產作箒（即掃桿）用的樹木。掃桿埔位於香港島灣仔區，鄰近大坑、渣甸山，北望加路連山，西接跑馬地。

箒管莆村

清朝時，掃桿埔一帶稱「箒管莆」，當地原來的地主為上水廖氏族人。廖氏掌有箒管莆後，未對該地進行開荒。十八世紀末，客家彭氏入遷該地，惟 1841 年時，人口尚只得十人。據縣志載，該地有農地五十石，廖氏按俗例將土地租予彭氏（彭尚璉）墾耕，約定首十年不收租，待彭氏族人將荒土種成熟田後，方始收租。由於此地位處海邊，必須靠海堤防止漲潮時海水淹浸農田，破壞農作物，然而每當廖氏族人前往箒管莆巡視時，都會

看見海堤有缺損，導致荒田一直受海水侵蝕，無法種成熟田，而彭氏則藉口海堤有缺而拒付田租，並要求廖氏修葺海堤。廖氏懷疑彭氏故意毀損海堤以逃避繳租，但由於從上水到箒管莆路途遙遠，廖氏難以長期派人監控彭氏，最終決定將田地贈予社學文岡書院，箒管莆成公有社田，由官府向彭氏收取田租，彭氏後來就在該地建成箒管莆村。

1857 年時，政府以箒管莆村及大坑村之地，為港島北岸維多利亞城的東界，闢為其第七約（區），名掃桿莆區，由加列島（Kellett Island）（舊稱觀察角〔the old Observation Point〕，今灣仔海隧入口旁）至銅鑼灣天后廟（the Joss House）。其時，該地治安不佳，民多遷離，漸淪為墓地。1864 年，聖保祿修院及教堂於該處建成。

咖啡園

二十世紀初，國內政治大變，國人亦有避亂香港者。同時，海外華僑亦回遷香港發展。1916 年，有古巴歸僑，從巴西帶回巴西咖啡種子，由於香港是當時咖啡主要銷售地，因此便來港找尋種咖啡的地方。他看中掃桿埔旁邊一座山，認為土質氣候適合種植咖啡。惜該處土地及天氣不合，不少咖啡樹苗移植後枯死，最終只得放棄這咖啡園。惟該地仍留咖啡園之名。

咖啡園墳場

1891 年政府於掃桿埔樂活道建立咖啡園華人公眾墳場，稱嘉路連山墳場（Mount Caroline Cemetery），內有天主教墓地。1918 年，跑馬地馬場發生大火，死難者安葬咖啡園墳場戊午馬棚遇難中西士女公墓內。1919 年香港日本人慈善會曾於掃桿埔豎立萬靈塔墓碑，1982 年應政府要求遷移至香港墳場。

至 1930 年間，自海岸至咖啡園間，沿途的教堂、學校及醫院相繼建成：聖光堂及東華東院於 1927 年建成、孔聖堂於 1930 年代建成、聖瑪利亞堂於 1937 年建成。

咖啡園墳場

香港大球場

至二戰結束後，該地發展掃桿埔平房區正民村及基督教會興建的衛斯理村。港英政府將掃桿埔的白骨墳冢遷往雞籠灣並進行清理工作後，1952 年，在原址興建政府大球場，1955 年啟用，兩村被清拆，遺址仍存。1994 年 3 月，大球場重建完成並正式啟用，重新命名為香港大球場。

結語

掃桿埔地區的教堂、學校及醫院等建築至今尚存，香港佛聯會文化中心亦於 1989 年建成。咖啡園地發展為今之香港大球場，原日之墳墓則遷往和合石公共墓地，山上的馬場先友公墓仍存。

如今，舊日鄉村的面貌已不復見，該地已發展為一高尚住宅區。

灣仔石水渠街

石水渠街（Stone Nullah Lane）位於香港港島灣仔區，分南北兩段，北段與灣仔道及太原街平行，連接莊士敦道與交加街，南段由皇后大道東開始，街道南端盡頭為石水渠街花園及隆安街的灣仔北帝廟，經花園上樓梯可步行至堅尼地道。隨着市區發展，連接交加街與灣仔道之一段石水渠街已經消失。該街之得名，因該處於十八世紀時曾有一石水渠。

1862 年，商人彭華於政府土地拍賣中，投得大部分石水渠街以東的土地，用以興建住宅及工場。附近的北帝廟於 1865 年建成。當時石水渠街鄰近為海軍醫院，即今律敦治醫院。

1900 年代初，堅尼地道山邊土地亦賣予華人。該水渠於1920 年代被逐步填平。石水渠街與堅尼地道間發展為四條商住街道：一馬路（今稱景星街），二馬路（今稱慶雲街），三馬

路（今稱吉安街）及四馬路（今稱隆安街），街內屋舍皆四層高唐樓，樓下為店舖，樓上為居所。

藍屋

藍屋位於灣仔石水渠街 72-74A 號一列三幢唐樓，1990 年代，香港政府為該建築外牆髹上油漆時，因物料庫只剩下水務署常用的藍色油漆，便將整座建築髹成藍色，因稱「藍屋」，現已被列為一級歷史建築。

該建築原址曾是一所醫院，樓高兩層，於 1872 年政府差餉徵收冊中名為「華佗醫院」，亦稱為「灣仔街坊醫院」。1886 年關閉，72 號地下改作華佗廟，供奉神醫華陀。1922 年改建為磚木結構的四層高唐樓，露台部分則採用鋼筋水泥建造，是香港少數保留下來的有鐵露台建築的唐樓。1950 年代，黃飛鴻徒弟林世榮姪兒林祖在此開設武館。1960 年代，林祖的武館被其兒子林鎮顯改為醫館。

72 號一樓曾開辦專為街坊子弟提供免費教育的鏡涵義學，二樓及三樓於戰前曾為一中書院校址，72 號 A 地下為廣和號雜貨店。74 號地下為聯興酒莊，1980 年代結業。74 號二樓曾為鮮魚商會會址，三樓則為商會的會議室。74 號 A 地下本為雜貨店，戰後改作住宅。

2006 年，香港房屋協會與市區重建局合作，重新發展灣仔石水渠街及附近建築物，藍屋及鄰近的黃屋與橙屋，擬闢作以茶

華佗醫院

藍屋

及醫療為主題的旅遊景點。2007 年，灣仔聖雅各福群會在藍屋的地舖開設灣仔民間生活館，以「從民間出發‧匯多元文化」為宗旨，展出舊時灣仔民間的生活用品，並透過多元及互動方式，期望引起公眾人士對地區文化保育的關注。2012 年，灣仔民間生活館改為香港故事館，關注的社區文化議題由灣仔社區拉闊至全港。2017 年，藍屋獲聯合國頒發亞太區文化遺產保育保護獎最高榮譽的卓越大獎。

灣仔玉虛宮

灣仔玉虛宮（北帝廟）位於灣仔隆安街，清同治元年（1862）由附近坊眾集資興建，翌年落成。

該廟建築宏偉，屬兩進三開間清朝民間建築，門額「玉虛宮」三字出自張玉堂拳書。張氏於清咸豐年間任大鵬協副將，並駐職於九龍城寨。廟內兩進間的天井設有香亭，內分三殿堂，前殿供奉鑄於明萬曆三十一年（1603）的北帝銅像，主殿供奉身高三米的主神北帝，前有四侍神立像，造型威武。主殿左右兩側設有三寶殿及龍母殿。廟內還有鑄於 1863 年的古鐘一口。

廟內主祀北帝，配祀太歲、三清、關帝、觀音、天后、西方佛母、驪山聖母、濟公、財神、包公及龍母等神祇。每年農曆三月初三北帝誕，善信均虔誠敬拜，祈求闔境平安。該廟為法定古蹟，現屬華人廟宇委員會管理。

律敦治醫院（舊皇家海軍醫院與舊海員醫院）

皇家海軍醫院（Royal Naval Hospital）為昔日英國皇家海軍於香港所設立的醫療設施，於 1841 年建於威靈頓兵房。後為颱風摧毀，醫院移至帆船上運作。1873 年，皇家海軍醫院與海員醫院同遷醫院山，二戰期間為戰火摧毀。

香港重光後，皇家海軍醫院短暫地佔用瑪麗醫院兩個樓層，1946 年搬遷至戰爭紀念護理院，1956 年關閉。此後，香港的海軍醫療服務被轉移到九龍英軍醫院。

律敦治醫院的前身為 1843 年成立的海員醫院，位處醫院山，1873 年因虧損而由英國皇家海軍購入，改為皇家海軍醫院。二戰期間，兩院同為戰火摧毀。

1949 年，在 J.H. 律敦治先生、香港防癆心臟及胸病協會及香港政府支持下，於該地建成律敦治療養院，專為肺癆病患者提供服務。隨着肺癆病患者人數下降，才進行重建，改建成全科醫院。

1991 年醫院重建完成，重新投入服務，為市民提供住院服務及專科門診診療，包括：內科、胸肺內科、外科、骨科及創傷外科、老人科等。1998 年，該院與毗鄰的鄧肇堅醫院合併為社區急性醫院，合併後的律敦治醫院在主座大樓增建四層高的新翼，以容納因急症室搬遷計劃而作出調動的專職醫療部門。2002 年起，鄧肇堅醫院的急症室與部分部門遷至律敦治醫院。

加多利山

　　加多利山（Kadoorie Hill）又稱嘉道理山，古稱大石鼓、望角山或太子山，為九龍城區內一個山丘，位於九龍旺角以東，本與九龍醫院所在山丘相連，但開闢窩打老道時被一分為二，窩打老道以西部分改稱「加多利山」。加多利山南面為亞皆老街，西面為港鐵東鐵綫旺角東站路軌，北面則為太子道西。山丘以香港望族嘉道理家族命名。

　　加多利山上分有兩條主路，一為嘉道理道（Kadoorie Avenue），另一為布力架街（Braga Circuit）。前者以嘉道理家族姓氏命名，街內多為獨立洋房，設有圍牆大閘，保安嚴密，私隱度極高。後者紀念與嘉道理家族頗有淵源、與上世紀九龍市區發展息息相關的土生葡人 J. P. Braga，大宅以三層高分層戶為主，有林蔭包圍。其西部是拔萃男書院所在地，而東南端山腳，則為

嘉道理家族中華電力總部大樓舊址，建成於 1940 年。

　　加多利山早於 1930 年代開始發展，山上建築物以豪宅為主，1937 年時共有十幢住宅建築。二戰後，1959 年時，山上有五十七座洋房，1984 年增至一百二十四座。該地的樓房多年來一直只租不賣。

　　現時山上的住宅大部分設計皆以簡約為主，具有二十世紀初的現代主義建築元素，洋房外牆均使用簡潔的白色，線條分明而有繁複裝飾，因有香港「小白城」之稱。

加多利山

中華電力有限公司總部大樓

　　東南端山腳的中華電力有限公司總部大樓，位於九龍何文田亞皆老街 139-147 號。1930 年代，中電為應付九龍區不斷上升的人口，於是在現址興建總部大樓。大樓於 1938 年奠基，1940 年建成，由建築師關永康設計。大樓為一座樓高五層、兩翼對稱的紅磚樓房，兩翼中央建有鐘樓，為該建築主要特色。2001 年及 2007 年，中電獲屋宇署批准將整幢大樓拆卸改建成住宅用途。2009 年，大樓被古物古蹟辦事處建議評為一級歷史建築。2011 年 9 月，中電申請保留鐘樓建築，並活化為兩間博物館，一間以電力為主題，另一間回顧香港歷史，免費供市民參觀。

新九龍

新九龍位於九龍半島北部，原屬新界一部分，清政府於 1898 年按《展拓香港界址專條》將其租借給英國，為期九十九年。因界限街以南的九龍半島面積太小，政府需開拓市區用地，於是在 1937 年刊憲，將界限街以北至獅子山以南原屬新界的平坦土地，劃作市區用地發展，統稱「新九龍」，以便與界限街以南原「舊九龍」地區區別。時新九龍土地為「租借」地，所以區內樓宇的業主皆需向港府繳交地租，惟原九龍及香港島居民則只需繳付象徵式地稅。

其初，新九龍地區由東至西分為九龍城、九龍塘、深水埗及荔枝角四區。1968 年 5 月，新九龍與舊九龍及香港島重新劃分為十區，新九龍始與舊九龍融合。1984 年《中英聯合聲明》落

實，香港島、九龍、新九龍及新界一起歸還中國，新九龍一詞由是消失，新舊九龍一般都統稱為九龍。但差餉物業估價署及地政總署仍收取新九龍土地地租，舊九龍及香港島土地則收取地稅，故土地契約中仍有「九龍」和「新九龍」之分。根據《香港法例》第一章釋義及通則條例附表五，新界的定義仍包括新九龍。

九龍十三鄉

九龍十三鄉位於新九龍地區內，簡稱十三鄉，原稱九龍十鄉，是指在 1960 年代以前香港新九龍地區內十三個規模較大的鄉村，實際位置就是九龍城賈炳達道以東至鯉魚門一帶的東九龍地區。由西至東包括沙埔、衙前圍、竹園、大磡、元嶺、沙地園、坪頂、牛池灣、坪石、牛頭角、茜草灣、茶果嶺和鯉魚門。其中牛頭角、茜草灣、茶果嶺及鯉魚門合稱「九龍四山」，為昔日石礦場及其附屬鄉村。這些村落原位處新界，1937 年劃入新九龍地區內。根據《香港法例》第一章釋義及通則條例附表五，村內的原居民並不符合新界原民資格，不可按新界小型屋宇政策申請興建丁屋。

1957 年政府下令清拆竹園木屋區，興建黃大仙徙置區公共屋邨，以安置於 1953 年 12 月 24 日石硤尾六邨及 1954 年大坑東火災的災民，惟邨民拒絕遷出，與軍警發生衝突。牛池灣鄉、竹園鄉、衙前圍、大磡鄉、元嶺鄉、沙地園鄉、坪頂鄉、牛頭角鄉、沙埔鄉及坪石鄉十鄉鄉長聯合邨民，成立九龍十鄉聯合支

援竹園邨民會以支持竹園鄉，並發起對抗政府的抗爭行動。1957年 4 月 1 日，鯉魚門鄉、茶果嶺鄉及茜草灣鄉加入，該會遂改名為九龍十三鄉聯合支援竹園邨民會。

衝突事件後，1957 年 12 月 19 日，九龍十三鄉鄉長及各鄉代表將九龍十三鄉聯合支援竹園邨民會易名為九龍十三鄉委員會。1964 年，九龍十三鄉委員會正式向警察牌照課註冊為合法團體。1986 年 1 月 1 日再易名為東九龍居民委員會（East Kowloon District Residents' Committee）。服務對象包括東九龍地區（包括九龍城區、黃大仙區及觀塘區）居民，服務宗旨為團結居民，參與社會事務，服務社區，維護居民權益，發揚互助友愛精神，舉辦福利、文教、康樂、體育等事業。

※

二次世界大戰後發展地區

CHAPTER 02

石硤尾原名夾石尾（甲石尾），位處煙墩山南麓，其南為深水埗，北為大窩坪，西為白田，東為大坑東，東北為又一村，東南為九龍塘，是香港九龍西部窩仔山及喃嘸山一個人工開闢的谷地，以住宅區為主。二十世紀初，該地已有客籍人士遷入。

二戰結束後，不少逃難人士回流，本港人口增至六十多萬，1940 年代末期，中國爆發內戰，逃難民眾紛紛來港，香港人口急劇增加，1950 年人口激增至二百三十萬，由於房屋非常短缺，連帶租金亦水漲船高，當中不少人在石硤尾一帶山坡或空地上，以鐵皮及木板搭建木屋，建石硤尾六邨，作為容身之所。

石硤尾大火

由於僭建寮屋設計簡陋，加上以木材製作，一旦起火牽連極大。1953 年 12 月 25 日，石硤尾寮屋區發生大火，六邨全毀於火，約五萬八千人痛失家園，大量災民無家可歸。

這場大火波及多個木屋區，包括白田上邨、白田下邨、石硤尾邨、窩仔上邨、窩仔下邨及大埔邨，災場廣及四十一英畝，即相當於十六萬四千平方公呎。大火歷時六個小時才受控，造成三死五十一傷，燒毀木屋二千五百八十間，約一萬二千多個家庭合共五萬八千二百零三人頓成災民，無家可歸。

石硤尾邨

大火之後，香港政府為安置災民，於災場附近興建兩層高之平房，平房以當時工務局局長包寧命名，稱為「包寧平房」。之後在火災原址興建二十九棟六至七層高 H 型的徙置大廈，供災民入住。第一個徙置屋邨石硤尾邨於 1954 年落成。其後發展為上、下兩邨。1978-1984 年間重建，兩邨合併。2006 年間，舊建築相繼拆卸重建。今餘美荷樓作為香港公共屋邨發展的見證。

美荷樓

隨着市民對居住環境的要求日高，房委會決定進一步於 1990 年重建部分石硤尾邨，把殘舊及不合時宜的大廈拆卸，只保留其中一幢 —— 美荷樓（或稱四十一座）。該樓為首八幢於 1954 年興建之第一型徙置大廈之一，已被古物諮詢委員會列為二級歷史建築，反映其在香港公共房屋發展史中的重要性。美荷樓現被政府活化成為附設公屋博物館的青年旅舍，於 2013 年 12 月開幕。

九龍長沙灣之李鄭屋與蘇屋

李鄭屋邨前身為李屋村和鄭屋村，位於尖山（鷹巢山）及筆架山（畢架山）的山腳交匯處。九龍大埔道北九龍裁判司署西南的山麓，昔日為一自北向南傾斜的山坡，直達海邊。山坡與海間的濱海地帶，南面是深水埗，西面為長沙灣。山坡上端有李屋村及鄭屋村，二村相連，其西為蘇屋村。

「長沙灣」及「深水莆」二名，首見於清嘉慶《新安縣志》卷二〈輿地略·都里條〉，當時為官富司管屬村莊；惟志內無李屋、鄭屋及蘇屋等村名。許舒博士曾訪問前李屋、鄭屋及蘇屋三村長者，得知蘇屋乃長沙灣一地最大的廣府人士所建村落。清乾隆四年（1739），新安南頭人蘇庭慶與其妻遷居今九龍長沙灣蘇屋村地，建村開墾。庭慶公生五子，分作五房。其時，該處本名茅田，從其名稱可知該處當時的荒蕪情景。

李屋與蘇屋相距二三百呎，中為田疇所隔，村內李氏於清乾隆四年，自新安沙魚涌遷入長沙灣，建村立業，其後人口日眾，遂於相鄰之地，另闢薯莨村。距李屋不遠為鄭屋，村內鄭氏於十九世紀初始遷入長沙灣，故較李氏遲達該區。李、鄭二氏皆客籍人士，其遷入本區的原因，為其原居地社會不寧，生活艱苦，遂舉家他遷，開墾謀生，圖解生活艱困。

三村居民皆需納稅於錦田鄧氏。村民多務農，以米、蔬菜、花生、黃麻及青麻為主要產物。各村皆有宗祠，以祀其祖。1911 年時，蘇屋人口為一百五十七人，白薯莨村人口為一百五十一人，上李屋人口為六十八人，鄭屋人口為五十五人，其後該區人口日增。

李鄭屋邨

日佔重光後，此處主要為木屋區和西洋菜田。國共內戰期間，不少內地居民逃亡至深水埗，在山邊自行搭建寮屋。1952 年，香港房屋協會興建的「上李屋邨」落成。自 1953 年石硤尾木屋區大火後，政府先後在石硤尾、大坑東及李鄭屋興建徙置大廈來安置災民。

1955 年，在將李鄭屋開拓成徙置區時，意外地發現一座東漢時期古墓，現建有李鄭屋漢墓博物館作永久保存。而保育古墓後，餘下的土地改建成官立小學、公園和最後的 V 座。

1980 年代，香港房屋委員會決定將李鄭屋徙置區分期重建成當時的新型公共屋邨，興建十幢公屋和兩個特別設計的居屋屋

苑寶麗苑及寶熙苑。

李鄭屋漢墓

1954-1956 年間，政府於該區建李鄭屋邨及蘇屋邨，該區舊有村落遂被拆去，村民即遷入新屋邨。建邨工程進行時，於李鄭屋邨東北山坡，掘出一穴，該穴於修葺整理後，命名為「李鄭屋古墓」。

漢墓的佈局為 A 字形，共有四個墓室，分別為前室、後室、右耳室及左耳室。中部為穹窿頂。室入口道在正式出土前已遭破壞。

墓室屬磚室墓，由平均長四十厘米、闊二十厘米、厚五厘米的磚塊砌成。大部分墓磚為素面，但有部分磚塊的側面刻有十多種花紋及文字，包括「大吉番禺」、「番禺大治曆」及「薛師」。「薛師」可能是製造墓磚的工匠名字。

根據考古學家推斷，該墓建於東漢時期，出土了五十八件文物，當中包括最少三十三件完整文物，例如陶屋模型和各種陶器及青銅器等。然而，漢墓中並未發現任何骸骨。

漢墓現時已成為了康樂及文化事務署的一個博物館。由於需要穩定漢墓內的溫度和濕度，墓室並不對外開放，但參觀者可透過裝嵌在羨道門口的玻璃牆窺探墓室內部情況。而漢墓旁邊的展覽館，除了展出從漢墓出土的陶器及青銅器外，還設有「李鄭屋漢墓」和「華南漢文化」兩個展覽，以文字、地圖、照片和模型等輔助展品，介紹漢墓的地理環境、發現經過和墓室結構。

李鄭屋漢墓博物館

李鄭屋漢墓

馬頭角（**Ma Tau Kok**）原為土瓜灣北端的海角，與九龍灣另一面的牛頭角隔海對望。填海後與啟德連接，位於九龍城道以東，宋皇臺道以南，木廠街、馬頭角道至新山道一帶，早期為工廠住宅夾雜的地方，但隨着工業息微，近年原有廠房多已重建為住宅。

該處有兩個以車房眾多聞名的舊樓群，一個是鄰近海旁的「五街」，五街即馬頭角道、明倫街、忠信街、興賢街及興仁街。該處是 1940 年代填海而成的土地，前身是蘇州商人嚴氏家族的怡生紗廠。另一個是沿着馬頭角道、木廠街及其間並排的十一條街道，俗稱馬頭角「十三街」。此十三街以中國傳統吉祥動物命名，包括：馬頭角道、木廠街、龍圖街（龍）、鳳儀街（鳳）、鹿鳴街（鹿）、麟祥街（麒麟）、鷹揚街（鷹）、鵬程街（大鵬）、

鴻運街（鴻指大鳥）、蟬聯街（蟬）、燕安街（燕）、駿發街（駿馬）及鶴齡街（鶴）。街內都是 1950 年代末至 1960 年代初的六至八層高唐樓。昔日的十三街曾是該區一帶唐樓的專用私家道路，內有眾多汽車維修及汽車清洗店舖。近年，各街樓宇失修，有待重建。

牛棚藝術村

牛棚藝術村（Cattle Depot Artists Village）位於九龍馬頭角馬頭角道 63 號，毗鄰十三街舊樓群，1908 年建成，一直被用作食用牛的中央屠宰中心及牲畜檢疫站。1999 年，屠房遷至上水，政府其後把建築群批予藝術工作者使用，並取名「牛棚藝術村」。該建築為香港僅存的歷史建築群，獲古物古蹟辦事處列為三級歷史建築。2009 年 12 月 18 日改列為二級歷史建築。

該紅磚平房式建築具二十世紀初西方市場建築特色，正對着牛棚入口的中庭，為一片約四十平方米空地，紅磚矮牆重重圍起，原牆乃作綁牛之用。有五座紅磚平房環繞中庭，各長五十米，排列錯落有致。在整個牛棚，到處可見餵牛飲食的長水泥槽，槽底鐵鏈及鐵環至今仍存。鋪瓦的屋頂、以通花鐵欄裝飾的大門及窗戶、屋內木造的天花橫樑、磚砌煙囪等，皆甚具特色。每座平房外部皆鑄鐵柱支撐，現已全部塗上黑色，與紅磚形成強烈對比，充滿藝術氣息。

香港中華煤氣馬頭角煤氣廠

香港中華煤氣馬頭角煤氣廠，位於九龍城區馬頭角木廠街。早於 1933 年在馬頭角興建南廠，後因二戰而停止運作，戰後重建。因人口急增，1956 年加建北廠，作後備及高峰期時產氣之用；原料由深圳廣東大鵬液化天然氣接收站經深港輸氣管道運送至馬頭角末站接入煤氣廠。原煤氣公司南廠即今翔龍灣所在，於九十年代大埔工業邨煤氣廠啟用後關閉，2007 年建成翔龍灣。北廠原有兩個煤氣鼓，其一已於 2015 年拆卸，餘下的煤氣鼓可以說是土瓜灣舊街坊的集體回憶。

東方紗廠有限公司

東方紗廠有限公司（Eastern Cotton Mills）位於九龍城區馬頭角木廠街 7 號工業大廈，1954 年創立，從事棉紗紡織工業，由澳門富商傅老榕與 1940 年代末因時局動盪遷港的上海富商萬春先合夥創立。

紗廠在 1955 年 6 月正式註冊成為香港棉紡業同業公會會員，於 1981 年 12 月結業停產，廠房分租給貿易公司、鞋廠、速遞公司及汽車服務公司等，作為倉庫及辦公室用途。廠房具 1950 年代實用主義建築風格，2010 年 11 月 10 日獲古物諮詢委員會列為三級歷史建築。

東方紗廠地皮在 2006 年以九千五百萬港元轉讓給港澳地區實業家傅老榕長孫兼富麗華酒店創辦人傅厚澤持有的公司，與毗

鄰好收成空運中心一併劃為綜合發展區，並獲批興建三幢三十四層高住宅。紗廠於 2012 年清拆，僅留下一幅不能反映其建築特色的外牆立面。

新蒲崗（San Po Kong）位於九龍黃大仙區東南部，牛池灣以西，太子道東北，啟德明渠以東，彩虹道以南，名稱源於該地原來的蒲崗村。

蒲崗村為福建湄洲嶼林愿之後所建立。北宋末年，林長勝（字昌宗）遷居廣州府新安縣官富司管下土名官富山大飛鵝山下鵝公塱彭埔圍。長勝生二子，長子雲遠，生松堅、柏堅；次子雲高，生梧堅、梅堅及桂堅。闔家以船運為業，往來閩粵兩地間。

南宋末年，松堅子道義曾於香港東部佛堂門遇風沉船，幸能扶船上供奉的林大姑（後之天后）神位上岸，初於南堂（今東龍島）海濱設壇安奉，後轉供奉於北堂，並建廟宇。道義亦曾於廟後勒石紀事，該石位於北佛堂天后古廟背後，稱南宋石刻。道義（三世）七傳至述倫（十世）；述倫生乾業、乾興及乾

藝，於明代中葉（十六世紀間），人口漸眾，近數百口，皆居彭蒲圍（蒲崗村）。

清康熙元年（1662），朝廷為禁沿海居民接濟沿海寇盜，厲行遷海令，迫使沿海居民遷回內地，彭蒲圍居民遂遷回內陸，房舍由是廢置。康熙八年（1669）展界，居民遂遷回復業。康熙十五年（1676），台灣海寇李奇及惠州賊寇相繼侵擾香港沿海地域，彭蒲圍被攻破，居民無一生還，僅外出牧牛的幼童及攻書者數人得免。因該圍被盜賊搶掠，房舍被毀，故時稱「爛圍」。

其時，該族生還者多逃入鄰近的竹園村，依親居住。事後遷回故地，於廢村（爛圍）旁另建房舍居住，部分失蹤者亦見尋回，合力重建家園，稱蒲崗村。村內房舍，分東西中三區。

南宋石刻

1942 年，侵華日軍驅散蒲崗村村民，削去大部分蒲崗山，並以該村原址作啟德機場擴建之用。1950 年代，於蒲崗村舊址附近發展住宅及工廠區，命名「新蒲崗」。新蒲崗中部以工廠大廈為主，曾為香港主要工業區之一，今逐步形成商貿區，東面及西面則為住宅樓宇。

新蒲崗剛發展成為工業區時，政府已先為區內八條街道取名為第一街至第八街，再供地政署拍賣土地，作發展工廠大廈所用。但由於位處港島的西營盤早已有第一街、第二街及第三街之名，為免混淆重疊，政府決定另起新名，成為新社區，區內居民亦以此作社區中心。

新蒲崗八街，位於九龍新蒲崗爵祿街以北，北面為彩虹道遊樂場、黃大仙下邨、啟德花園，南望太子道東、協調道及前香港啟德機場。當中八條街道合組成為新蒲崗工業區。

這八條街分別以中國數字一至八為首命名，當時政府認為，工業區街道取名，應有吉兆的意思，才能吸引發展商投資，故分別加上一吉祥字作綴，名為：大有街、雙喜街、三祝街、四美街、五芳街、六合街、七寶街及八達街。「一」改作「大」字，「二」改作「雙」字，取其好吉兆。

據資料所述，新蒲崗內街道的命名，為香港歷史上，首次運用城市規劃制度，有系統地為新開發地區的街道取名。自後，香港新開發社區，如大角咀的樹名街道系列，都採用系統方法命名新街道。

廣播道「五台山」

廣播道（Broadcast Drive）位於九龍城區北部，獅子山餘脈之一，屬傳統高尚住宅區。該地原先計劃發展為高尚住宅區及中高級公務員宿舍。並曾為香港廣播機構集中地。

起初，香港政府對廣播機構選址並無特別政策，逮 1960 年代，中國發生「文化大革命」，香港亦發生「六七暴動」，港府認為，將所有廣播機構集中於一地會較為安全，遂於 1967 年把九龍一處小山丘上地段，撥予佳藝電視、亞洲電視、無綫電視、香港電台及商業電台作為總部，並將道路修築成環形，只闢一出口，以利防守；附近且有奧士（斯）本軍營（Osborn Barracks，今九龍東軍營）作支援。該處原有兩道路：光偉道（Galway Road，以愛爾蘭高威郡命名）及安寧道（Antrim Road，以北愛爾蘭安特里姆郡命名），1967 年 2 月 16 日改名，合稱廣播道。

因當年廣播道為五廣播機構（電視台及電台）的所在地，故俗稱「五台山」。

　　廣播道內舊有兩條支路：高雅道（Clare Road）及美玉道（Mayo Road），1968 年 1 月 5 日已重新命名，高雅道改名馬可尼道（Marconi Road），以紀念意大利無線電發明家馬可尼；美玉道改名范信達道（Fessenden Road），以紀念加拿大電台廣播發明家范信達。

　　以下為曾位於廣播道的傳媒機構：

廣播道

傳媒機構	說明
亞洲電視	1957 年 5 月 29 日開台，前身為麗的呼聲，於 1982 年改名亞洲電視。2007 年 7 月 22 日遷往大埔工業邨，原址被重建成豪宅尚御。2016 年 4 月 2 日，該台結束免費電視營運。2018 年改用 OTT 平台營運。
無綫電視	1967 年 11 月 19 日在廣播道開台，1988 年遷往清水灣，2003 年又搬遷至將軍澳電視廣播城。原址建住宅星輝豪庭。
佳藝電視	1975 年在廣播道開台，1978 年倒閉。原址改作香港電台電視大廈。
教育電視	1971 年在廣播道開台，1976 年與香港電台合併。
香港電台	1969 年由中環遮打道水星大廈舊址遷入。2009 年於將軍澳置新廣播大樓。
商業電台	約 1970 年遷入，現時大樓於 1973 年落成。

鳳凰衛視、Now 寬頻電視、香港電視娛樂及香港有線電視的總部則分別設於大埔、灣仔、鰂魚涌和荃灣。現在只餘商業電台及香港電台仍在廣播道運作。

九龍東軍營

九龍東軍營（Kowloon East Barracks），俗稱九龍塘軍營、九龍仔軍營，舊稱奧士本軍營，現為中國人民解放軍駐香港部隊其中一座軍營，位於九龍仔。現時範圍南至新德園平房區，北及聯

合道，東起聯福道，西抵窩打老道。

　　該軍營原為駐港英軍在二戰後設立，為紀念在香港保衛戰期間，以身體覆蓋日軍手榴彈保護同僚而壯烈犧牲的加拿大溫尼伯營軍士長約翰・羅伯特・奧士本，遂以其命名。回歸後，改稱九龍東軍營。

　　1990 年代初，政府將奧士本軍營位於聯福道以東地段撥給香港浸會大學，興建逸夫校園、聯校運動中心及部分浸會大學道校園。該校曾爭取軍營其餘用地，撥作大學發展，但一直未被接納。香港主權移交後，軍營由駐港解放軍繼續駐守。

寶翠園

　　寶翠園（The Belcher's）位於香港堅尼地城薄扶林道，鄰近龍虎山及香港大學。早期西環有卑路乍街，對開海旁的堆填區海灣則稱卑路乍灣，卑路乍街旁邊的西環山，高約百米，上建砲台，稱卑路乍砲台，為紀念早期曾對香港防衛及測量作出貢獻的英國海軍指揮官卑路乍（Edward Belcher）而命名。

　　卑路乍生於 1799 年，精於地理測量學，1840-1841 年中英發生鴉片戰爭，英方戰勝後，命卑路乍率先遣部隊，負責測量香港地形，後測量得上環臨海一塊高地，可以駐紮軍營。1843 年卑路乍受勳，並於英艦聖馬蘭號繼續擔任測量工作，主張在港島北岸建築東、西砲台作防衛。東砲台即鯉魚門砲台，西砲台稱卑路乍砲台。

卑路乍砲台

卑路乍砲台原位於西環石塘咀皇后大道西與卑路乍街交界處的山咀上，最初築建於 1880 年，砲台分上、下兩座。砲台對下的卑路乍街山邊，戰前建有四個相通的防空洞，供市民躲避日軍戰機空襲。炮台於 1946 年正式棄用，防空洞亦被封閉。

公務員合作社興建的宿舍「寶翠園」

1956 年，卑路乍砲台原址改建為全港首個由公務員合作社興建的宿舍，名為寶翠園，英文名 The Belcher's 仍取自卑路乍。發展寶翠園時，在地盤裏發掘出一門 10 吋口徑的英式遠程滑膛大炮，該炮長 8.7 米、重 320 噸，印證該址曾為卑路乍砲台。大炮今置園內作為紀念。炮座上嵌有紀念銅牌，紀念公務員住宅落成落成，典禮由港督葛量洪主持。

寶翠園屋苑

九十年代以後，有發展商購入該地段，拆卸所有建築物，將卑路乍砲台一旁的西環山夷平，以興建私人屋苑寶翠園。該兩個被削平之防空洞，位置成為西寶城商場前迴旋處之廣場。寶翠園重建時，原座落寶翠園花園內的大炮，被移往筲箕灣海防博物館外展覽，現寶翠園背後高地停車場入口、卑路乍街山邊，尚遺留下兩防空洞，見證西環防禦歷史的變遷。

公共建築

CHAPTER 03

公立醫局

公立醫局全名為華人公立醫局，是二戰以前規模僅次於東華三院的華人慈善醫療機構。該慈善組織在華民政務司 A. W. Brewin 鼓勵下，由華人富商馮華川、劉鑄伯、何甘棠等於 1904 年成立，最初目的是協助政府處理街上棄屍問題。首間醫局設於港島西營盤。隨後在港府支援下，醫局除提供種痘、出生登記及發放死亡證等服務外，亦負責移送屍體到殮房、供應棺木及安排葬禮等事務。

早期醫局由東華醫院主席及潔淨局（市政局前身）的兩位非官守華人成員擔任管理，每間分局派一名擁有西方醫學資格的華人醫生駐守。1908 年，港府以華民政務司（即今民政事務局局長）擔任醫局管理委員會主席，並負責管理港島贊育醫院。1934 年，各醫局才交回政府直接管理。時港島區共有五間醫局，九龍則有四間，各醫局均設有停屍間，方便運送屍體到公眾殮房，並

為貧困者提供施棺服務。政府對各醫局的經費資助非常有限，主要由華人廟宇及地方人士捐助。

西約華人公立醫局

西約華人公立醫局（West Point Chinese Public Dispensary），又稱西約方便所，是香港昔日一所公眾診所，為居民提供治療及留醫服務，位於香港島西營盤西邊街 36A 號後座，現為舊贊育醫院附屬建築物，由民政事務處管理。現時租戶為長春社文化古蹟資源中心，亦為太平山醫學史蹟徑中景點之一，並以舊贊育醫院附屬建築物的名義，被評為二級歷史建築。

1894 年香港爆發鼠疫（俗稱黑死病），造成極高死亡率，疫症持續肆虐達三十多年之久。1903 年，鼠疫蔓延至西營盤常豐里，港府派出潔淨局及工務局成員，到該區考察衛生情況，發現區內環境衛生欠佳。於是政府將居民搬遷至石塘咀，在第二街提供免費浴室，以改善華人衛生情況。浴室於 1925 年重建成今天第二街的公共浴室。

1904 年，西營盤街坊值理會提議，在西營盤第三街與常豐里間的更練館內，提供二十九張病床，為大眾提供鼠疫醫療服務。1908 年，政府撥出旁邊土地建設一所西約公立方便醫局（當時所謂「公立」，是指「為公眾設立」之意）。建築物於 1909 年落成，為區內病患者提供醫療服務。建築物樓高兩層，地面一層用作診症，上面一層為照顧鼠疫或其他傳染病者的方便醫所。醫

局由華人醫局管理委員會管理，內設西約鼠疫醫院（West Point District Plague Hospital），應對鼠疫爆發。

　　時華人領袖劉鑄伯及馮華川有感於醫局沒有留醫設施，不甚理想，便倡議於區內籌建新公立醫所。隨着華人對西方醫學的信任程度日益增加，1919 年，時任華人公立醫局委員會主席曹善允與倫敦傳道會的克寧醫生（Dr. Alice D. Hickling）倡議，於西約公立方便醫局旁的空地，建設一所婦產科醫院，訓練華人女性學習西方接生方法。經訓練的助產士，可在香港開設留產所，以減輕醫院婦產科的負擔。1922 年醫院落成，命名為贊育醫院，為華籍孕婦提供西醫接生服務。

西營盤公共浴室

鼠疫於 1930 年代中期開始受控，1937 年，華人醫局管理委員會將贊育醫院送贈予香港政府，政府於 1938 年對醫院進行加建，以改善床位不足問題。西約華人公立醫局亦於同年進行改建，建成今貌，地下用作診所，二樓曾改作贊育醫院護士及職員宿舍。公立醫局的名稱於 1949 年取消，建築被當作贊育醫院的附屬建築物。

1955 年，贊育醫院遷至醫院道，舊醫院曾改作國家醫院的門診大樓。1962 年，位於皇后大道西的西營盤賽馬會普通科門診診所落成後，舊醫院建築物交由社會福利署管理，並更名為贊育服務社，至 1972 年再更名為西區社區中心。舊西約華人公立醫局曾由不同非牟利機構租用作為辦公室，後一度廢置，至 2005 年由長春社文化古蹟資源中心租用，並由賽馬會慈善信託基金出資復修。現時該建築物仍保留 1909 年落成時已有的煙囪及地基，昔日用作殮房的小石屋仍然保留。2009 年該建築物及附屬建築被列為二級歷史建築。

該建築為一幢外觀白色的雙層西式平房，門外有一塊立於 1909 年的〈西約方便所記〉石碑。文云：

> 時疫之禍吾港民也，十數易寒暑矣，遞至流行未之或息，好善者憂之，于是有公立醫局之設，然診視有局，而留醫不可無所也，于是又有方便所之開辦。查西約方便所，始以款項未充，因陋就簡，暫賃民屋數椽，以為留醫之處。

丁未年春，予與馮紳華川、劉紳鑄伯商酌，以賃屋非長久計
也，議購地建築，以垂久遠。而西約街坊值理好義者，知此
所益民匪淺，遂各肩義務，共任勸捐之役，政府亦在西營盤
第三街□□地□，以為之基。于是，鳩工庀材，經之營之，
越二載而告厥成功，時則乙酉年五月初旬也。余以非材，安
撫是邦，深喜諸紳商之能上承憲意，下察輿情，協成治疫方
便之所，又以坊人之請擬，表彰在事諸君之勤勞，與夫釀資
善士之好義，是□不可不記也。用為之記。

計將勸捐值理及捐款善士芳名泐石于左　陳其　潘富　陳賢
湯雲亭　黃建業　郭南　潘亮　葉全　林鑾波　黎順帆　馮□　趙佳
周揚　陳星泉　李秋華　黃渭　黃□　曾桂　劉錦□　鄒熾朋　麥喜
劉昇　麥兆　林潤堂　陳□意　張池　□□　麥澤　馬親宏　陳翰臣
尹寬　黃才　鄭泰　朱宛溪　廖灼庭　翟祥　袁□　袁秀　梁仲□　吳
映堂　封□　李□　□錦　李汝庭　葉千荃　廖義　羅吉　林榮　植
玉堂　有名氏　□□　黃利　陳佳　劉竹初　□□　黃洪　林容
鍾汝生　□炳　佘彬　黃松　葉曉庭　許祖　楊光　曾喜　彭靜泉

己酉年五月吉日撫華道蒲魯賢撰并書

東約公立醫局

東約公立醫局原位於灣仔皇后大道東地下 205 號，後因院址
細小，不敷應用，香港政府遂於石水渠街撥地興建新醫局，1911

年落成啟用，為當地華民提供更有效率的醫療服務。1945年香港重光後，港府把各醫局收回接辦，初時繼續為居民提供門診服務。二十世紀末，該區因發展需要，醫局被拆卸無存。其歷史亦未能確考。

九如坊中約公立醫局

九如坊（Kau U Fong）位於香港上環，連接鴨巴甸街及安和里。九如坊的「九如」出自《詩經》，代表九種吉兆。安和里（On Wo Lane）為港島中西區一條上坡小巷，別稱二奶巷，串通上環九如坊及歌賦街與皇后大道中。傳說因香港十九世紀的富人，在此附近民居安置小老婆（二奶），並送贈其全幢物業，作安撫禮品而得名。

1903年，因鼠疫問題嚴重，政府派出潔淨局及工務局成員到地方考察衛生情況，發現區內衛生環境欠佳。1909年，華人領袖劉鑄伯及馮華川等於九如坊籌款興建新公立醫所，名為中約公立醫局。該醫局位於九如坊與鴨巴甸街交界，即九如坊入口處。醫局內壁上嵌有〈中約公立醫局記〉，文云：

> 甲午以降，癘疫洊興，港民苦之矣。在上者果行清除之法，而下民益生疑懼之心，意氣既休，隔閡滋止循，是而棄尸之陋習作焉。公立醫局者，所以通上下之情，明潔淨之例，祛其疑懼，洽以大和者也。其締造之初，實以前督憲禰制軍憂棄

尸之傷天和背人理，思設法其弊，遂命余與馮紳華川、劉紳鑄伯，以便宜行事。有中東西三約、紅磡、九龍油□地六局之設，乃成永久，民稱便之。中約一局，地當繁庶之衝，實較之他局為要，其厄材勸建，亦為最先，則以經始之際，已有何紳甘棠力任經營攻成之資，而張君殿臣等復□金，以足其地址之價。斯局建于丙午戊子丁未，□□已三年矣。今者，成效大驗，久已見信于中約一□，□受其福病者，可受調和之益，絕無擾累之驚死者，可免委壑之悲，得從首邱之正當，亦都人士所共資者乎。然微何紳甘棠諸君之功，固不可及此也。余不□，忝任撫華之職，愧未能化民成俗，各安其天，猶幸諸紳商協力，和衷共圖補救，致使棄尸陋習，將默化于無形，而何紳甘棠諸君，猶能不惜鉅資，以成善舉，而為後來之先導，誠所謂有問必先者艱，或曰記者□□也。遂為之記。

　　計將資助建局購地諸君芳名泐石于左 何甘棠捐款貳仟員張殿臣 張祥□ □□臣 陳□生 黃丙漢 卓茂軒□崇德堂 彭鹿庭 譚灼南 陳振南 以上十位各捐款佰四拾員為局地之□□

　　　　　　一千九百零九年十一月吉日香港□□□□□

　　醫局西鄰為擁有數百座位的九如坊戲院（又稱新戲院），於1911年開業，戰前以鬧鬼聞名，戲院除放映粵語片外，另供粵劇戲班上演大戲。戲院在1949年8月拆卸。

1953 年，中約公立醫局發展為中區健康院（Central District Health Centre），全名中區健康院普通科門診診所（Central District Health Centre General Out-patient Clinic），亦稱九如坊診所，該院樓高三層，富五十年代西方建築風格。

健康院的普通科門診在 2003 年 7 月 1 日由醫院管理局正式全面接管，名稱亦改為中區健康院普通科門診診所。該院曾經在 2013 年關閉，進行翻新改善工程，於 2014 年 3 月 13 日重新投入服務。

深水埗公立醫局

深水埗公立醫局（Sham Shui Po Public Dispensary）原設於深水埗天后廟旁，設備簡陋。大量內地移民於二十世紀初定居深水埗，1911 年，深水埗四約坊眾有感該區人口激增，但缺乏醫療設施，於是組織籌辦公立醫局，由劉鑄伯任策劃並組織籌款，獲政府撥地。1915 年由當任港督梅含理（Sir Francis Henry May）主持開幕。

由於醫局受到深水埗坊眾接受，求診者眾，地狹不敷應用，1934 年，深水埗富商黃耀東遂籌款興建新局。1936 年，新局建成。大樓位於九龍深水埗醫局街 137 號，高兩層，由深水埔街坊福利會負責管理，日間為醫療中心，晚上則用作街坊福利會的議事場所，天后廟旁的公立醫局因而停辦。

戰後，港府把各醫局收回接辦，深水埗公立醫局繼續為居民

提供門診服務。1972年政府推行美沙酮戒毒計劃，醫局的配藥室改為美沙酮治療中心。2002年醫局進行翻新工程，設備日趨完善，為戒毒者提供一站式診治服務。現醫局已易名為深水埗美沙酮診所，改由香港醫療輔助隊管理。

　　深水埗公立醫局為樓高兩層的白色建築，混凝土鋼筋結構，二樓外牆刻有「深水埔公立醫局」一名，「深水埔」是深水埗的舊稱，建築以裝飾藝術風格為主，特別注意營造寬闊的室內迴廊及大型的窗戶，使陽光能直射入室內。廊柱上雕刻着精緻的西式古典圖紋，陽台的欄杆則為中式竹子形狀，演繹着香港中西薈萃的特色。醫局佔地逾一千平方米，上層為員工休息室，下層則為詢問處、診療室、注射室及辦公室。2009年獲確認為二級歷史建築。

裁判法院

　　香港裁判法院（Magistrates' Courts）是香港最初級的刑事法院，可以聆訊的控罪包括簡易程序罪行及可公訴罪行，民事訴訟及較嚴重的可公訴罪行，則會移交至區域法院或高等法院原訟法庭審理。所有刑事案件的程序皆於裁判法院開始。1992 年之前，裁判法院稱為裁判司署，裁判員稱裁判司。以下為已停止運作的裁判法院。

前中央裁判司署

　　前中央裁判司署（Central Magistracy）位於香港島中環亞畢諾道，第一代建築建於 1847 年，當時政府為節省押解時間，提高行政效率，因此將中央裁判司署建於域多利監獄及舊中區警署附近。第一代建築只有一個法庭，設計亦非常簡單。後政府以

建築物無法有效發揮功用，結構亦不穩固，遂於 1913 年拆卸重建，1914 年落成，翌年正式運作。

1938 年，中央裁判司署頂層進行加建工程，增設第三個法庭、裁判官辦公室、證人室及繳交罰款處，同時增設一個供少年犯使用的房間及等候室。日佔時期，中央裁判司署被日軍用作民事法庭。戰後，港府用作軍事法庭，審理日本戰犯。1964 年起，中央裁判司署審理警察刑事偵緝處的案件。廉政公署成立後，中央裁判司署亦審理貪污案件。

裁判司署於 1979 年遷出，建築物在 1980 年改為最高法院。1984 年後，部分地方被入境事務處用作遣送離境分科的辦公室。此外，大樓亦曾經為香港警務處作會所用途。域多利監獄於2006 年結役後，舊中央裁判司署連同前域多利監獄、前舊中區警署建築群被活化成大館，現為法定古蹟。

現存第二代中央裁判司署屬希臘復興式建築，以紅磚砌成。其面向亞畢諾道的正立面建有六根高十九呎、以混凝土建成的多立克式樑柱，帶出莊嚴肅穆的感覺，屋頂則由鋼鐵桁架支撐。正立面另建有希臘風格的帶狀回紋裝飾、拱門及券心石。基座的護土牆由花崗岩砌築而成，建有供裁判司出入的正門，門上刻有英國皇家徽章。建築物內設有獨立通道及地下隧道，以便職員安全押解囚犯進出裁判司署。大樓地下設有兩個樓高兩層的法庭，供兩位裁判司審理全港案件。兩個法庭以遊廊貫通，南面法庭側牆設有三個圓拱門，供聽審市民出入，門前有一混凝土簷篷。除此

前中央裁判司署

大館（舊中區警署）

之外，地下亦建有兩間供裁判司使用的房間。一樓則建有律師專用房間。

前北九龍裁判法院

前北九龍裁判法院（North Kowloon Magistracy）位於九龍石硤尾大埔道，大樓於 1960 年建成，為分流南九龍裁判法院工作量而建，共設有十個法庭，後於 1982 年試行香港首個交通法庭。法院於 2005 年關閉。2010 年，美國薩凡納藝術設計學院於該地開設香港學院，2020 年停辦，校舍交還政府發展局。現時法院大樓暫時空置中，但已經列入第六期活化項目。

法院面積達七千五百三十平方米，屬西方新古典式多層建築，樓高七層。外牆以灰色為主，飾以藍色塗漆，石柱及樓梯均有雕飾。大樓設計上以門外兩條組成六角形的樓梯最具特色。

前南九龍裁判法院

前南九龍裁判法院前稱九龍巡理府、南九龍裁判司署，位於九龍油麻地加士居道 36-38 號，旁為循道衛理聯合教會九龍堂。

原九龍巡理府位於上海街與眾坊街交界，今梁顯利油麻地社區中心，原址為建於 1893 年的第一代油麻地警署所在地。警署在 1922 年遷至廣東道及眾坊街交界後，原九龍巡理府於 1924 年遷入辦公，及後因地方不敷使用，當局遂於彌敦道及加士居道交界山坡上，建築新南九龍裁判法院大樓。

前南九龍裁判法院

　　新大樓建於山坡上，由新舊兩翼組成。舊翼當時稱九龍巡理府，高三層，於 1936 年落成，二樓及三樓有希臘多立克式大石柱，設有露天遊廊，底層以花崗石砌疊而成；新翼樓高五層，於 1970 年代落成。日佔時期，法院被用作日軍辦公室，日本投降後，法院大樓恢復原來用途。

　　1987 年，法院舊翼經已停用，一度用作法庭文件儲存處。2000 年，法院正式全面停止運作。法院舊翼現為土地審裁處，而新翼則為勞資審裁處。

前銅鑼灣裁判司署

　　前銅鑼灣裁判司署（Causeway Bay Magistracy）又名銅鑼灣裁判法院、庫務署銅鑼灣分署。原位於電氣道 20 號，毗鄰英皇

道、維多利亞公園，由巴馬丹拿設計，於 1958 年 10 月動工興建，並於 1960 年春季落成。大廈樓高十層，是殖民地港英政府的古典式建築物，設有人民入境事務處及庫務署銅鑼灣分署。1987 年拆卸，原址即今港鐵天后站及柏景臺。

前西區裁判法院

前西區裁判法院（Western Magistracy）前身為西區裁判司署，位於香港西營盤薄扶林道 2A，鄰近西邊街。1950 年代，香港人口急速增長，原有的司法機關未能追上需求，政府因此在西區增建一所裁判法院，處理西區地方的裁判事務。

大樓由著名建築師行巴馬丹拿興建，於 1965 年落成，高六層，以新古典主義風格設計，外牆模仿石工設計，以大量垂直線條模仿巨柱，突出法院的莊嚴及權威。該法院因使用率偏低，故於 2004 年關閉，並與東區裁判法院合併。

現時西區裁判法院已不作司法機關用途，並改為政府辦公室，三樓改作勞工處勞資關係科（西港島）辦事處，四樓為勞工處（西港島）就業中心，五樓則為渠務署淨化海港計劃部的辦公室。大樓被列為二級歷史建築。

前粉嶺裁判法院

前粉嶺裁判法院位於新界粉嶺馬會道 302 號。1950 年代後期，為應付新界發展，政府決定劃一市區及新界的管治架構，於

1960 年通過新法例，將最高法院及地方法院的民事司法管轄權擴大至新界地區，於粉嶺興建第一所裁判法院，將理民官兼任的司法職能移交至地方法院，為新界北區居民提供服務。

法院主樓建於 1960 年，最初只設有兩個法庭，隨着新界急速發展，前粉嶺裁判法院漸不敷應用，當局於 1983 年及 1997 年分別在粉嶺裁判法院大樓旁加建臨時建築物，增設兩個法庭、辦事處及當值律師辦事處。另於 1980 年代，分別在沙田及屯門興建兩幢裁判法院，以應付日益繁重的工作量。

2002 年，因舊法院設施仍不足以應付現今法庭運作的需要，政府遂於舊法院附近興建新法院大樓。新大樓啟用後，舊法院於是空置，2010 年被列為三級歷史建築。2019 年法院改為香港青年協會領袖學院，同年 4 月起設免費導賞團服務，接受市民及團體預約參觀。

舊新蒲崗裁判法院

舊新蒲崗裁判法院原位於新蒲崗太子道東 690 號，於 1970 年建成啟用。2001 年 7 月關閉，由新落成的九龍城法院取代，原址拆卸並重建成住宅商業綜合項目。

舊荃灣裁判法院

舊荃灣裁判法院原位於新界荃灣大河道 70 號荃灣法院大樓，鄰近荃灣大會堂，曾是荃灣區、葵青區及離島區的刑事法

院，於 1971 年啟用。2016 年 12 月關閉，遷西九龍法院大樓，並改名為西九龍裁判法院。

　　舊法院大樓高三層，不設置電梯，有混凝土欄柵，正門入口設有鋁閘，高層設有窄小玻璃幕牆。

現時運作的裁判法院

　　現時運作的裁判法院包括：管轄香港島及離島的東區裁判法院；管轄深水埗、葵青、荃灣西的九龍裁判法院；管轄九龍城、油尖旺地區的九龍城裁判法院；管轄觀塘、黃大仙、西貢地區的觀塘裁判法院；管轄屯門、元朗地區的屯門裁判法院；管轄大埔、北區的粉嶺（新）裁判法院；以及管轄沙田地區的沙田裁判法院。上述各法院皆建有新法院大樓。

前九龍英童學校

前九龍英童學校為香港現存最古老的英童學校建築，位於九龍尖沙咀彌敦道聖安德烈堂南側。

十九世紀末，九龍地區外籍人口不斷增加，尖沙咀地區成為其聚居地。他們的子女對學校有殷切需求。九龍英童學校於1894年開辦，最初名為九龍書院（Kowloon College），後更名為九龍英童學校（Kowloon British School），1902年再易名為中央英童學校（Central British School），學生主要為居港英人子女，由於沒有開設華文課程，華人子女大多不會就讀該校。

現存校舍於1900年動工興建，由當時香港總督卜力（Sir Henry Arthur Blake）奠基，富商何東捐贈一萬五千元資助興建，1902年落成啟用。學校初期為小學，有六十多名外籍小學生。

該校於 1918 年擴建為中學，1930 年代有外籍中學生三百多人。後校舍因不敷使用，遂於 1936 年 9 月遷往何文田天光道新校舍，並於 1948 年改名為英皇佐治五世學校（King George V School）。尖沙咀舊校舍後來被英軍租用，日佔時期受到嚴重破壞。

香港重光後，校舍由衛生署管理，1947 年用作社會福利會兒童保健中心，1957 年改作尖沙咀街坊福利會社區中心，開辦興趣班及成人夜間教育課程，1991 年才遷出。該校舍於 1991 年獲評為法定古蹟，並於 1992 年進行全面復修，現改作古物古蹟辦事處辦公室及文物資源中心。

該校舍為典型維多利亞時代建築，因應香港氣候環境，建有高樓底及金字瓦頂，四周有寬闊遊廊環繞。校舍右首（南翼）高兩層；中部及左首（北翼）高一層。校舍中央設有禮堂，兩邊為課室及教員室，二樓為校長室。

英皇佐治五世學校

英皇佐治五世學校為英基學校協會歷史最悠久的一所學校，前身為創辦於 1894 年、位於彌敦道 136 號的九龍書院（今前九龍英童學校大樓），後更名為九龍英童學校，1902 年再易名為中央英童學校。至 1930 年，學校已有超過三百名學生。1936 年遷至何文田現址。

該校主樓於 1935 年由時任香港總督貝璐（Sir William Peel）

奠基，並命名為貝璐樓（Peel Block）。1936 年正式開放。後二戰爆發，學校被迫於 1940 年關閉，用作駐港英軍醫院。日佔時期，學校被日軍佔用為醫院，損毀程度甚微，有謠傳指學校草坪曾被用作亂葬崗。

香港重光後，學校再度被英國皇家空軍徵用作軍醫院，其中一名軍醫在禮堂入口上方大理石刻上 "Never in the Field of Human Conflict"，意謂「在人類衝突的歷史中未曾出現過」，語本英國首相邱吉爾於 1940 年 8 月 20 日在英國國會的一場著名

前九龍英童學校

演說。1946 年夏季，學校重新開放，當時只有七十九名學生就讀。1947 年起，學校接受所有國籍的學生入學，並於 1948 年度學校頒獎禮上宣佈改名為英皇佐治五世學校，以紀念學校主樓奠基時在位的英皇佐治五世。1979 年成為英基學校協會旗下學校。

英皇佐治五世學校共有九座教學樓，並設有二十五米長的游泳池、草地運動場、兩個戲劇排練室等設施。

沙田學院

沙田學院（Sha Tin College）為九龍塘英皇佐治五世學校的沙田屬校，為一所中等國際學校，亦為香港英基學校協會成員之一。1982 年成立，1985 年遷到火炭麗禾里 3 號，並採用現名。

前鰂魚涌英童學校

前鰂魚涌英童學校（Former Quarry Bay British School）位於香港島鰂魚涌英皇道 986 號小山丘上。

十九世紀末，隨着來港定居的英國家庭增加，英語教育需求漸趨殷切，港府先後在尖沙咀與中區協助開辦英童學校以應付需求。

1907 年後，隨着太古船塢及其他廠房設施開始投入運作，鰂魚涌成為超過萬人生活的新社區，不少英籍員工攜同家人遷入該地，以方便工作。1924 年，港府決定特別為太古工業城的英籍孩童在鰂魚涌興建鰂魚涌英童學校（Quarry Bay School），學

校由 Messrs Little, Adams and Wood 興建，於 1926 年建成啟用。

該校於 1980 年搬遷到寶馬山，舊校舍由社會福利署接管，改作培志男童院，並加建高欄。原址曾為香港青少年發展聯會轄下的德育發展中心，並為學校提供日營訓練服務，其後空置。現不對外開放。該建築被列為三級歷史建築。

前鰂魚涌學校設在昔日糖廠段的英皇道山坡上，需沿路邊斜路拾級而上。建築物為新古典主義風格，立面取簡約實用及對稱平衡為主，主體樓高兩層，大樓左右對稱，東西兩翼各高三層，兩翼均建有兩層高開放式遊廊，惟遊廊今已圍封，左右兩面的三層高樓塔為昔日課室位置。中央樓頂建有西式鐘樓及旗桿，作課堂報時及懸掛國旗用。

地面大堂置三入口，中央正門為昔日校務登記處，一樓上層為禮堂。左右兩石砌拱門為學生上落課室的入口。其中拱頂上保留着昔日的校徽及拉丁文校訓："Labore et Honore"，英文譯作 "Labour and Honour"，意指「勤勞與榮譽」，勸勉學生用心學習，貢獻社會。校舍正面朝北建有大操場，昔日景觀開揚。

室內保留了大量舊日裝飾，包括禮堂、課室及梯級的柚木地板，遊廊及入口處的六角形瓷磚，木造法式大門及天花飾線等，當中保留的樓梯鑄鐵欄河及扭接柚木扶手，造工相當精細。

港島中學

港島中學（Island School）位於香港島半山區波老道 20 號，

為香港英基學校協會旗下首家學校，於 1967 年創辦，創辦時中文名稱為英童中學，是一所為以英語作母語的學童提供中學課程的國際學校。1973 年遷至現址。現時該校學生總數共一千二百多名，分別來自四十多個國家。

　　主校舍由於重建關係，暫時搬遷至沙田博康邨基督書院旁（原址為港九潮州公會馬松深中學）及大圍新翠邨（原址為沙田崇真中學）。

水塘與配水庫

　　香港缺乏湖泊、河流及地下水等天然水源，降雨量亦不足以維持食水供應。開埠初期，香港未有興辦水務，居民生活皆依靠山泉及水井。其初，島上只有公用大水井五座，及若干私人開鑿的水井，普通居民皆依靠山泉，或往公用大水井汲水。山頂居民最初亦靠山泉及水井為生，其後，政府始自山下泵水上山，以供應山頂居民的需求。九龍方面，初時居民生活亦是依靠山泉及水井，其後政府始開鑿公用大水井三座，為居民提供食水。此等水井及接駁水管的遺蹟今已難考，只可知一號井位於培正道與文福道交界，二號井位於亞皆老街與窩打老道交界，三號井位於衛理道與公主道交界。

　　為解決香港居民對食水的需求，1860 年間，政府計劃興建水塘，水塘由是成為殖民地時期香港的主要食水來源。香港的水塘表列於右：

水塘名稱	落成年份	備註
薄扶林水塘	1863	擴建工程於 1877 年完成
七姊妹水塘	1884	俗稱賽西湖，供水太古船塢及太古糖廠，1975 年停用。
太古水塘（三座）	1884（首座） 1893（二座） 1895（三座）	供水鰂魚涌工廠，首座及二座水塘位於康怡花園南部山坡，三座水塘位於康怡花園現址。1987 年填平，改建成住宅。
大潭水塘	1889	
大成紙廠水塘	1890	1929 年被政府收回，1931 年在山谷下建一水塘，名香港仔下水塘。
黃泥涌水塘	1899	
大潭副水塘	1904	
大潭中水塘	1907	
九龍水塘	1910	
大潭篤水塘	1917	
石梨背水塘	1925	
九龍接收水塘	1926	初名德羅水塘，接收食水，送石梨背水塘過濾。
香港仔水塘	1931	
九龍副水塘	1931	初稱九龍水塘新塘
城門水塘	1936	

大欖涌水塘	1957	
佐敦谷水塘	1960 年代	位於牛頭角佐敦谷遊樂場北面，儲鹹水供區內用戶沖廁。1980 年代末填平。
石壁水塘	1963	
下城門水塘	1965	
船灣水塘	1968	又名船灣淡水湖，擴建工程於 1970 年完成。
萬宜水庫	1978	
藍塘水塘		位於藍塘網球中心一帶，為太古私家水塘。
馬游塘水塘		位於將軍澳道近秀茂坪道谷地，儲鹹水供區內用戶沖廁。1980 年代初填平。

配水庫

配水庫（service reservoir）是一種水務設施，用作短暫備存食水或海水，以應付耗水高峰期的需求，亦有助控制供水水壓。在輸水幹管未能運作時（例如在維修的時候），備存的食水或海水亦可充當緩衝之用，維持供應。配水庫通常建於高地，以便利用引力提供足夠的水壓，通過水管網絡，供應給用戶。其大都建於地底，以保證食水不受污染。

在香港，不少配水庫都位於民居附近山上，是一處清靜地。很多地底配水庫的上蓋都會地盡其用，興建公園、遊樂場或球場等康樂設施供市民使用，其佔地甚至比一般休憩公園大。

戰前配水庫

英國佔領九龍半島後，尖沙咀、油麻地等地開始發展，紅磡亦發展成工業區，人口增加引致水源短缺，但由於境內沒有高山峽谷，未能像香港島般興建水塘儲水。因此，英政府於 1890-1895 年間，在何文田一帶的丘陵地帶，興建三組地下水收集設施，以堤堰攔截地下水，並利用豎井收集，再經水管送到油麻地抽水站，抽送到附近山頭上的配水池，以及紅磡配水池。這個地下水集水系統，至九龍水塘系統開始供水後便告停用，但部分建築物則仍然保留。抽水站為紅磚建築，遺址位於何文田港鐵站屯馬綫部分，興建山谷道邨時已被拆卸。油麻地果欄對面的紅磚屋，就是抽水站部分遺蹟。

1932 年，工務局在同一山頭，興建另一個規模更大，以鋼筋混凝土建造的配水池，而京士柏信旗山上方後來成為天文台氣象站，該地的舊配水池則未受破壞。

京士柏油麻地食水配水庫

京士柏油麻地食水配水庫鄰近彌敦道，毗連皇家天文台（Royal Observatory），位處京士柏信旗山，於 1895 落成。該

水庫為一座紅磚建築，因其時鋼筋混凝土建造技術仍未能興建面積較大、或承壓力較高的建築物，故仍要以使用傳統拱型建築技術為前提設計該配水池。1998 年改變用途，易名為油麻地海水配水庫，皇家天文台亦改成現時的京士柏氣象站。油麻地配水庫現被評為一級歷史建築。其上蓋目前用作油麻地配水庫休憩花園（Yau Ma Tei Service Reservoir Rest Garden），由康樂及文化事務署管理。

前深水埗配水庫

前深水埗配水庫（Ex-Sham Shui Po Service Reservoir），曾稱深水埗食水減壓缸（Sham Shui Po Fresh Water Break Pressure Tank），別稱深水埗窩仔山蓄水池、深水埗主教山配水庫，為香港一個於二十世紀初落成的水務建築，位於深水埗區石硤尾窩仔山山頂。

該減壓缸由港府工務司署負責興建，屬「九龍重力自流供水系統」（Kowloon Waterworks Gravitation Scheme），將食水從源頭九龍水塘輸送到荔枝角濾水池，又或途經此配水庫到油麻地抽水站，興建時需開挖然後回填。該配水庫於 1904 年 8 月 10 日落成。

該減壓缸佔地約四千三百平方米，採用古羅馬拱門建築設計，地下圓拱結構直徑約四十七米，深度約七米，高海平面七十米。缸底、牆身及頂部以水泥建造，以麻石柱及紅磚拱門支撐缸頂。整個建築共有一百條柱，當中二十二條藏在水缸內，其餘

七十八條外露。建築方式與土耳其伊斯坦堡地下水庫拱形結構相近，惟其頂部空間（vault depth）不足，證明其時並未想到有大量泥土樹木綠化在池上。配水庫用於儲存已淨化的自來水，供鄰近地方居民飲用。水務署在 1952 年加建混凝土結構。

2017 年水務署發現該減壓缸頂部出現裂痕，有樹根穿透裂縫並伸延至減壓缸內部，遂於 2020 年進行清拆，年底清拆工程煞停，惟已被拆毀部分包括二十乘十米面積的天花板及四條柱。建築其後於 2021 年 6 月被列為一級歷史建築。

山頂克頓道配水庫

舊有的山頂克頓道食水配水庫，位於太平山頂發射站旁，建於 1908 年，當時主要供水予山頂居民，面積約五百四十平方米，容量約二千立方米，以混凝土建造圍牆及地台，其頂部以拱形支撐，結構物料亦以紅磚為主，並以紅磚鋪蓋圍牆內壁及建造支柱和拱形上蓋。

配水庫經多年使用後，出現老化及滲漏情況，有可能危及鄰近斜坡的穩定性，不宜再長期使用。水務署遂於 2011 年拆卸舊配水庫，保留其中兩條支柱及相連拱頂紅磚構件，並在原址建造另一新配水庫。

歌賦山配水庫

歌賦山配水庫位於山頂普樂道旁，1903 年 11 月建成，提供

二十一萬加侖食水容量。配水庫外牆以紅磚搭建，上蓋為草坪。

雅賓利食水配水庫

雅賓利食水配水庫位於半山區馬己仙峽道，於 1888 年建成，連接港島半山至黃泥涌峽的寶雲道。以混凝土建造圍牆及地台，並以紅磚鋪蓋圍牆內壁及建造支柱和拱形上蓋。1966 年，配水庫上蓋以年租二百五十元租予婦女遊樂會作網球場用。

馬己仙峽道食水配水庫

馬己仙峽道食水配水庫建於 1901 年，面積約三百六十平方米，容量約一千八百立方米。以混凝土建造圍牆及地台，並以紅磚鋪蓋圍牆內壁及建造支柱和拱形上蓋。該配水庫經多年使用，同樣出現老化和滲漏情況，並有可能影響其所在的斜坡和斜坡下樓宇的安全，遂於 1997 年起停用，並於 2010 年拆卸。

旭龢道食水配水庫

旭龢道食水配水庫（Kotewall Road Fresh Water Service Reservoir）位於香港島西區旭龢道 50 號，香港大學大學道以南，前身為西環濾水廠（West Point Filters）。

西環濾水廠於 1914 年開始興建，並於 1919 年落成，為 1907 年落成的西環配水庫的配套設施，以改善干德道以上的半山區的供水情況。1996 年，水務署將濾水廠改為儲水庫，

改稱旭龢道食水配水庫，於 1997 年恢復服務。該處的工人宿舍（West Point Filters Bungalow）得以保留，被列為一級歷史建築，現為龍虎山環境教育中心。

附錄：水池巷

水池巷（Tank Lane）位於香港中環半山的一條斜路，鄰近必列者士街、荷李活道、儒林臺、水沙路街、四方街、嚤囉上街。附近以住宅為主，南面是商住區，地標有中華基督教會公理堂，而卜公花園亦在附近的四方街／堅巷。水池巷的確曾經有水池，供當年地位較高的西人及華人取水飲用。有自來水供應後，水池遂被封閉，該處開闢為小巷，並命名為水池巷。

軍營

1841 年英國佔領香港島後，在島上多處興建軍營，作為軍人宿舍。1843 年，陸軍開始建造軍營，皇家海軍則以碇泊在港內的艦隻，提供儲存及物料支援工作。1860 年英國佔領九龍後，亦在九龍多處興建軍營。隨着城市發展，這些舊有軍營所在地，多已轉為民用設施。香港於 1997 年回歸中國，中國政府恢復對香港行使主權，解放軍進駐香港，軍方同意將二十五幅軍事用地，包括添馬艦海軍基地交予港府，用作城市發展，其餘十四幅土地，則交駐港解放軍使用。

1997 年前已消失的軍營

域多利軍營

域多利軍營（Victoria Barracks），位於紅棉道、堅尼地道及

金鐘道交界。早於 1840 年代已有駐軍，並於 1843-1874 年間正式建立，曾建有三十多座軍事建築物。在 1941 年香港保衛戰期間，軍營是英軍的總司令部。日佔時期被日軍佔用，重光後曾作大規模修復。1979 年軍營移交政府，1991 年改建成香港公園。

威靈頓軍營

威靈頓軍營（Wellington Barracks），約建於 1854 年，後方為陸軍醫院。1979 年關閉，1992 年拆卸。遺址發展為太古廣場及夏愨公園。

美利軍營

美利軍營（Murray Barracks），位於威靈頓軍營側，約建於 1854 年，軍營內有著名宿舍名美利樓，前有美利操場。美利樓已遷建赤柱海濱，原址重建為中銀大廈。

北角軍營

北角軍營（North Point Camp），位於北角繼園山山腳，為一臨時軍營，原為十九世紀中葉國內難民營地，1941 年改作加拿大部隊軍營，日佔期間曾為集中營。戰後為布販集中地及民政用地，俗稱「沙堆」。今為北角汽車渡輪碼頭公園。

小西灣兵房

小西灣兵房（Raf Little Sai Wan），又稱小西灣軍營（Little Sai Wan Camp），位於香港島小西灣，由駐港英國皇家空軍367通訊兵隊於 1952 年開辦，主要用作情報中心。1982 年遷春坎角，現址為小西灣邨及附近屋苑。

鯉魚門軍營

鯉魚門軍營（Lyemun Barracks），建於 1845 年，營內建有鯉魚門反向炮台（Lyemun Reverse Battery）及白沙灣炮台（Pak Sha Wan Battery）。1876 年交回政府，兩炮台遺蹟殘存，軍營現為鯉魚門渡假村。

漆咸道軍營

漆咸道軍營（Chatham Road Camp），簡稱漆咸營，位於九龍尖沙咀東漆咸道南，為一小規模營房，當時位置為紅磡灣西岸海邊，旁為九廣鐵路火車軌。軍營曾於 1961 年作為霍亂病人的隔離營，為期約一個月。1973 年劃為監獄署漆咸道中心，作為收押少年犯人之用。1978 年交回政府。1990 年規劃為香港科學館休憩公園，於同年落成。1998 年香港歷史博物館新館建於該地。

威菲路軍營

威菲路軍營（Whitfield Barracks），俗稱摩囉兵房，位於九龍

半島尖沙咀附近山丘，1892 年興建，紀念 1869-1874 年間任中國及香港地區軍隊司令的威菲路中將。1910 年，八十多座兩層高的兵房相繼落成。日佔時期，軍營曾被日軍改為集中營，至香港重光後恢復原有用途。軍營於 1967 年關閉，1970 年改建為九龍公園，原有建築多被拆卸，惟 1910 年興建的多座營房得到保留。

深水埗軍營

深水埗軍營（Sham Shui Po Barracks），建於 1927 年，日佔期間曾用作集中營，囚禁的戰俘包括英國、加拿大及印度人。二戰後，軍營分南京軍營與銀禧軍營，重新被英軍使用。1977 年南京軍營關閉，營地用作興建麗閣邨及深水埗公園，其餘部分（即銀禧軍營）則繼續使用。1980 年代，軍營被民安隊短暫使用，後被改建為越南船民營。軍營於 1989 年關閉，部分用地於 1993 年建成麗安邨，另外一部分於 1994 年建成西九龍中心。

虎地軍營

虎地軍營（Bowring Camp），約位於元朗公路及青山公路交界處，原址為現今富泰邨及嶺南大學室外運動場。

高希馬軍營

高希馬軍營（Kohima Barracks），亦稱大埔仔軍營，位於西貢區大埔仔清水灣半島，1980 年代興建。1986 年，原址發展成

現今香港科技大學清水灣校園。

西貢軍營

西貢軍營（Sai Kung Camp），1976 年關閉，後改作西貢戶外康樂中心。

天祥軍營

天祥軍營（Dodwell's Ridge Camp），位於上水丙崗。1976 年交回政府，改建為皇家香港警察少年訓練學校在上水的「天祥營」，1990 年停用。現址為北區醫院，於 1998 年啟用。

彩虹軍營

彩虹軍營（Blackdown Barracks），原為軍用儲存倉庫及軍火倉庫。西面預留作東南九龍連接道路，其餘土地建成采頤花園。

皇后山軍營

皇后山軍營（Burma Lines Camp），位於粉嶺軍地沙頭角公路以南，本為駐港英軍營房，軍營內有約二十座有煙囪的綠色平房。1992 年撥予皇家香港警務處使用，1994 年交還香港政府。該地計劃用作興建低密度住宅。

羅湖軍營

羅湖軍營（Lo Wu Camp），位於河上鄉東北，現為羅湖懲教所。

石仔嶺軍營

石仔嶺軍營（Drills Corner Camp），位於香港新界北區古洞，河上鄉路及青山公路交界。曾設喏喀兵軍營及駐港英軍已婚軍人宿舍，後交還香港政府。1998 年起以短期租約，租予石仔嶺花園安老院（Drills Corner Garden）。為配合古洞北發展，安老院計劃於 2018 年及 2023 年分兩期清拆。惟新安老院舍要到 2021 年才能落成。

掃管軍營

掃管軍營（Perowne Camp），又名寶龍軍營，毗連歌頓軍營，範圍包括青山公路掃管笏近黃金海岸至九徑山山腰引水道，部分營地曾經用作嶺南學院的臨時學生宿舍。該地計劃用作興建低密度住宅。

下掃管軍營

下掃管軍營（Gordon Hard Camp），又名哥頓軍營，位於掃管軍營以南，1933 年創立，1994 年關閉。部分土地曾用作漁護署沙洲及龍鼓洲海岸公園辦事處。軍營部分範圍於 2010 年代發

展為香港人民入境事務學院及珠海學院新校舍，其餘土地則發展為低密度住宅區。

現有軍營

中環軍營

中環軍營（Central Barracks），舊名威爾斯親王軍營（Prince Of Wales Barracks），軍營以東為舊添馬艦海軍基地，是軍艦停泊地。1997 年後交回政府填海，現稱金鐘（添馬）。

赤柱軍營

赤柱軍營（Chek Chue Barracks），位於赤柱半島最南端，於 1937 年 7 月建成。香港淪陷時，為日軍佔領及使用。1997 年香港主權移交後，赤柱軍營由中國人民解放軍駐港部隊駐守。該軍營為軍事禁區，不對外開放。

槍會山軍營

槍會山軍營（Gun Club Hill Barracks），建於 1860 年間。1902-1903 年，該處始設有固定營房，翌年增設軍官會所、守衛室及食堂等設施。由於軍營毗鄰附近的佐敦道槍會，故名。1914 年，添置四門向着維多利亞港的十磅後膛山炮，1920 年增設籬笆護牆。日佔時期曾被日軍佔用。戰後，英軍重新駐守，並加以擴展。

1977 年，軍營增設已婚軍人宿舍，幼童學校、教堂及醫院亦相繼落成。原位於香港島域多利軍營的小學亦於 1978 年遷入於此。1995 年英軍正式撤出，並將軍營交還香港政府。1997 年香港主權移交後，中國人民解放軍駐香港部隊進駐槍會山軍營，並在軍營側加建解放軍駐港部隊醫院。

九龍東軍營

九龍東軍營（Kowloon East Barracks），俗稱九龍塘軍營、九龍仔軍營，舊稱奧士本軍營（Osborn Barracks），位於香港九龍九龍仔聯合道、窩打老道、禧福道及聯福道交界，昔日為駐港英軍軍營。1990 年代初，政府將奧士本軍營位於聯福道以東的地段撥予香港浸會大學，興建逸夫校園、聯校運動中心及部分浸會大學道校園。該校校方曾爭取將軍營其餘用地撥作大學發展，但一直未被接納。現時軍營範圍南至新德園平房區，北及聯合道，東起聯福道，西抵窩打老道。1997 年香港主權移交後，軍營由中國人民解放軍駐香港部隊繼續駐守。

昂船洲軍營

昂船洲軍營（Ngong Shuen Chau Barracks），位於葵青區昂船洲志昂路盡頭、海港貨櫃服務有限公司外。該地為軍事重地，被劃為軍事禁區。1997 年香港主權移交後，被中國人民解放軍接管，成為駐港解放軍海軍基地。

石崗軍營

石崗軍營（Shek Kong Barracks），位於錦田公路、石崗機場一帶，荃錦公路沿線的石崗村亦屬軍營一部分。分南北兩營：石崗軍營北營（Northern Compound Of Shek Kong Barracks），原名石崗軍營婆羅洲軍營（Borneo Lines），曾由來自馬來西亞婆羅洲的軍人駐紮；石崗軍營南營（Southern Compound Of Shek Kong Barracks），原名石崗軍營馬來亞軍營（Malaya Lines），曾由來自馬來西亞的軍人駐紮。

新田軍營

新田軍營（San Tin Barracks），曾名稼軒廬軍營（Cassino Lines），位於新田以南、小磡村以北山谷，嘉龍路盡頭。駐港解放軍接管軍營後，為消除英軍色彩，改稱新田軍營。營內設有廓爾喀軍人墳場（Gurkha Cemetery）。

潭尾軍營

潭尾軍營（Tam Mei Barracks），位於元朗牛潭尾村及攸潭美新村之間，牛潭尾路以北，新田軍營以南。

新圍軍營

新圍軍營（Gallipoli Lines），位於粉嶺軍地沙頭角公路以北，北面為新圍／大嶺練靶場。

警署

1841 年 4 月香港島英屬後，為維持島上秩序，政府遂委任堅偉（William Caine）上尉，從軍隊中招募三十二人為警察，組織警隊，成員皆歐、印籍人士，不通粵語。其時，堅偉的辦公室只是一草棚，毗鄰今中區警署現址。數月後，該地改建監獄，即今維多利亞拘留所，堅偉遂兼負守衛監獄的工作。

1844 年，警隊開始招募首批華籍警員，其編制亦擴充至一百六十八人，並從倫敦市聘請督察兩員，協助工作。自後警隊人數日增，至 1867 年，增至六百人，內中三分二人為印度籍；故時有民謠：「ＡＢＣＤ，大頭綠衣」，因當時的警員制服為綠色，而印人皆以布包頭之故。

最初的警署為臨時建築，位於今皇后大道中近砵甸乍街之處。1844 年，政府招標興建四所警署，其後數年內相繼落成應

用。至 1870 年，港島已有警署十四座。其中十座位於維多利亞城內，其餘四座則位於城外。

其時，位於維多利亞城內的警署，皆以號數命名：

警署	說明
大館	即今中央警署，位於荷李活道與砵甸乍街交界，1864 年建。
一號差館	位於銅鑼灣波斯富街與禮頓道交界，1853 年建，1935 年拆卸。
二號差館（灣仔警署）	原位於前東堤道（即今莊士敦道與灣仔道交界處），1868 年建。1921-1929 年間，灣仔填海完成，遂於現址興建灣仔警署，1932 年建成。其時，該地除有警署建築外，並有停車場、消防局及警官宿舍。1941 年日軍襲港時，該處受日軍大事轟炸，戰後重建應用，至千禧年初停用。
三號差館	位於皇后大道東與春園街間，1847 年建，1904 年遷出，其後曾用作灣仔郵政局，現為環保署資源中心。
四號差館	位於今灣仔軍器廠街，1863 年建。
五號差館	位於皇后大道中與威靈頓街交界，1857 年建，1927 年停用。
六號差館	位於山頂域多利峽道（鑪峰峽）近今山頂纜車站，1869 年建，1886 年遷哥賦山。遺址改作警員宿舍，1930 年代拆卸。
七號差館（西環警署）	位於皇后大道中與薄扶林道交界，1902 年遷至現址。該地原為退役海員之家，後改作警署，用以取代舊七號差館。1952 年由現西區警署取代。

八號差館（舊半山警署）	原位於舊太平山區今荷李活道差館（上）街，1870年建，1890年代遷醫院道。1928年，於高街另建差館，1934年拆卸。1934-1935年，於高街處再建新館，即今貌。其初，該館為半山區分區警署，後改作港島總區刑事總部。二十世紀末棄置。
九號差館	位於堅道與卑利街交界，1853年建。

位於維多利亞城外的四所警署，分處筲箕灣、薄扶林、赤柱及香港仔等地。

警署	說明
筲箕灣警署	1860年建，1872年遷出。
薄扶林警署	1861年建，戰後始被拆卸。
赤柱警署	1859年建，1974年遷出。
香港仔警署	1891年建，為港島第二舊警署，用以取代南區另一舊警署。1941年為日軍轟炸，淪陷後駐署歐籍警官更被送往赤柱集中營，戰後重修應用。1969年停用，遷黃竹坑道新警署。1969-1979年用作警探訓練學校，1979-1982年用作水警訓練學校，1982-1986年用作南區水警警署，其後空置。1989年作經濟圖像組及外毒組辦事處，1995年起供蒲窩用作青少年中心。

自 1860 年九龍半島英屬，及 1898 年新界租借後，香港境內人口大增，警隊編制亦相繼擴充，部分舊有警署規模太小，不足應用，故須改建，或另闢地建署。除此，亦須於人口稠密地域增建警署，供警隊駐守。至 1900 年，改建及增建的警署如後：

警署	說明
威菲路警署	1871 年建。
筲箕灣警署	1872 年遷建，至 1950 年由現署取代。
紅磡警署	1872 年建，1914 年擴建，1950 年另建新署，1978 年拆卸。
油麻地警署	位於廣東道與公眾四方街交界，1922 年建，用以取代附近 1873 年建成的另一警署。1957 年加建西翼，1966 年為暴徒衝擊，其後一度計劃拆卸，最後獲許原地保留。
尖沙咀水警總部	1860 年設立，1884 年建署，1997 年遷出。2009 年改作 1881 公館（酒店）。
尖沙咀警署	位於尖沙咀水警總部，原為灣景酒店，後為威菲路警署取代，1951 年遷現址。
山頂警署（哥賦山警署）	位於山頂道，1886 年建，用以取代位於域多利峽道的六號差館。1900 年時稱歌賦山警署，由歐籍警官與沙展率印度及山東警察駐守。二十世紀初，該警隊兼負防火及瘧疾控制工作。二戰時為日軍佔用，受到嚴重破壞，戰後重修，於 1949 年再度應用。今為中區警署轄下分區警署。

鰂魚涌警署	1881 年建，後拆卸。
堅尼地城警署	1892 年建，曾被用作細菌傳染病院，後被拆卸。
大埔警署	1899 年建，為新界首座警署，一直被用作新界警察總部。1949 年改作分區警署、新界北總區防止罪案組辦事處等。1987 年停止運作。2010 年，發展局選定用作嘉道理農場暨植物園合作夥伴。2021 年 7 月獲古物諮詢委員會評為法定古蹟。
沙田警署	1899 年建，原為收稅站，1924 年遷建沙田頭村，1950 年遷進銅鑼灣山道。1979 年禾輋警署落成後，該警署改作新界總區總部。1995 年改為新界南總區防止罪案組辦事處及新界南總區進修訓練中心。2002 年後空置，其後拆卸。
九龍城警署	位於太子道西，1899 年建，原為收稅站，1925 年遷建現址。初為拔萃男書院校舍，至 1941 年用作警察訓練學校。日佔期間為日軍拘留所。1947 年重修，用作九龍警察總部。該警署分兩座，1975 年興建地鐵時，其中一座已被拆卸。
屏山警署	位於坑頭村小山上，建於 1900-1901 年間，用以控制青山與后海灣之間的谷地。1961 年為元朗警署取代。1966-1995 年間，該署曾為警犬訓練中心，後為新界西交通部。2001 年後廢置，如今改作屏山鄧族文物館。

長洲警署	初位於大新街，1899 年建，原為長洲稅廠。1912 年，該警署為匪徒洗劫，三名印籍警察被殺。翌年，新警署遷建今址，位於警局徑小山上。日佔期間關閉，日軍於長洲中學設置指揮部。1947 年光復後，警署重開，並由一分區指揮官率十二警員駐守，今仍之。
上水虎地凹警署	1899 年設置，原為一村屋舍，1902 年遷出。
大澳警署	位於石仔埗街山崗上，1899 年設，原為鄉村屋舍，1902 年建。初只有六至七位警員駐守，用以阻截鄰近海盜及走私罪行。1983 年，警員人數增至一百八十餘人。1996 年後，以該地罪案日減，遂被改作巡邏警崗，同年 12 月關閉。2012 年改建為酒店。
元朗凹頭警署	1899 年建，1950 年由八鄉警署取代。
落馬洲警署	1899 年設，原為鄉村民居，1915 年遷建。

上世紀初，國內政治環境改變，民國政府於 1912 年成立，各省軍閥混戰，國人多南遷香港避亂。因人口增加，警隊隊伍亦相應擴張，以維護社會安寧，期間增建警署多座：

警署	說明
西貢警署	1900 年設，原為鄉村屋舍，翌年遷出，另建新署。1960 年由現署取代。
沙頭角警署	1900 年建，用以取代舊臨時警署。1953 年由現署取代。
上水警署	1902 年建，用以取代 1899 年建成的虎地凹警署。二戰時為日軍分區指揮部，戰事後期，英軍曾於該地設置指揮部，1945 年再用作警署。1979 年新上水警署落成，舊警署改作警民關係組辦公室，今為少年警訊會所。
深水埗警署	1903 年建，1906 年為颱風所毀，1905 年遷建深水埗汝州街。日佔期間日軍以該警署為深水埗集中營的指揮部。1956 年暴動間，該警署曾被襲擊。1978 年後，因長沙灣警署創立，該處遂改為分區警署。
打鼓嶺警署	位於打鼓嶺平峯道，1905 年創立，初為一碉堡式建築，由印籍警員駐守，以維持邊境治安，與沙頭角及上水警署有電話連接。1937 年改建為兩層高的警署，日佔期間曾為日軍佔用。二十世紀中葉加建頂層，是邊境重要的阻截非法入境者的警署。
荃灣警署	1905 年建，1959 年由現署取代。
旺角警署	1923 年建，1964 年重建。

　　1941 年 12 月底，香港淪陷，上述各警署為日軍佔用，戰後恢復運作，其後曾改建或遷建。

　　近年，香港人口日增，新型警署相繼建成，惟開埠初期建築的警署，部分至今尚存。大館連同前域多利監獄、前中央裁判司

署等建築群，現為法定古蹟，用作古蹟藝術館；二號差館現為灣仔警署；七號差館現為西區警署；赤柱警署現為超級市場；香港仔警署現為蒲窩青年中心。此外原上環八號差館的所在地，附近已闢建差館上街；舊紅磡警署附近發展差館里，惟已無差館存在。而長洲島上的警署徑，則現仍有長洲警署。

醫院

香港衛生及醫療發展

香港開埠初期，城市建設集中在香港島北岸一帶。這裏樹木叢生，氣候潮濕炎熱，蚊蠅滋生，水土惡劣。從歐洲涉洋而來的英軍及外國人，往往不能適應。1843 年，英國派遣軍之中共二百五十人死亡，死亡率高達三分之二。主要染上的疾病有瘧疾、痢疾、皮膚病及其他惡性傳染病。香港政府於是成立衛生局，為駐港英軍建立醫院。華人由於適應這裏的衛生環境，抵抗力較強，所以不怕普通的傳染疾病。1874 年，香港華洋居民日漸增多，香港政府遂於西營盤設立國家醫院，有病床百多張，並設門診，為市民治病。

當年香港居民或軍隊飲用的水是由山溪或水井汲取，極不衛生。香港政府於是在 1887 年建成薄扶林水塘、1889 年建成大潭水塘，初步解決飲用水不清潔的問題。

1894 年，鼠疫由雲南省蔓延至廣東北海、廣州，再傳染至

香港。5月10日，香港被宣佈為疫區。當時鼠疫傳播迅速，群醫無策，死亡人數甚眾。香港衛生局遂設立隔離病房，並派軍隊三百人加入防疫工作，將上環太平山街的疫病居民全數遷徙，以杜鼠患。9月3日，疫病始告暫竭。當年死亡人數為二千五百四十七人，是香港開埠以來最大的疫症。清洗「太平地」，便從這時開始。至二十世紀七十年代初，香港各街道電燈柱上仍掛有老鼠箱，可見當年鼠疫影響之嚴重。

1900年，東華醫院建議設立傳染病院，得港府撥地後，於1902年落成，收容患有傳染病的華人入院留醫。1906年，在雞籠環山為外籍人士建立山頂醫院。至此，香港的醫院已足以應付治療疾病的需要。

香港潔淨局成立於1883年，負責香港市區環境衛生事務，包括管理街市及屠宰場、清掃街道、清除垃圾、疏通坑渠、墳場殯殮、清理糞便、薰洗房屋、滅鼠除蟲等一切衛生工作。潔淨局由官員及獲委任的紳士名流擔任議員。戰後初期仍負責市區清潔衛生。1973年，香港政府使專責衛生的市政局財政獨立，從市民每季交付的差餉、牌照及娛樂稅中抽取部分作為經費。1986年，新界的區域市政局成立，與市區的市政局分別管理全港市容、衛生及文娛康樂活動。

截至1995年，香港市民的醫療衛生服務由公立醫院、私立醫院和私家醫生提供，醫院遍及香港各處。香港現有病床二萬九千三百二十八張，分佈於三十九間醫院管理局屬下的公立醫

院、九間政府診療所和十九間私立醫院。

衛生署轄下有五十九間普通科門診診所和四十六間母嬰健康院。醫院管理局負責管理的四十八間專科門診診所，分別設於全港各地。

香港政府對香港出生的嬰兒，實行全面免費免疫服務。嬰兒由出生開始，定期進行健康檢查。兒童入學時可享有「學生健康服務」，直至成年都可享用廉價的公立醫院服務。

香港現在已是一個國際化大都會，在環境衛生、市容設施、食物衛生、醫療服務上都走上軌道。各政府部門分別執行嚴格的衛生檢查，市民亦遵守規例，衛生程度居世界前列。

香港醫院的建置

醫院	年份	說明
Medical Missionary Hospital 傳道會醫院	1843	1843 年建，為西方醫藥傳入香港之始。基督會於 1807 年傳入澳門，1834 年間，更多傳導達澳門。1842 年傳入香港，議建醫院，翌年建醫院免費為華人醫治疾病，1845 年擴張，加座。1857 年，因駐院醫生北調廈門，並無醫生空缺，醫院被迫關閉。
Seamen's Hospital 海員醫院	1843	位於灣仔峽前的小丘上，即今律敦治醫院置，1842 年創建，1843 年建成，由渣甸資助成立。山腳下有一小碼頭，供海港內的水手上岸就醫。（如今，小碼頭的位置考，拱門及登山石階猶存，可供研究。）

		院因經濟不支，於 1873 年關閉。院址賣予海軍部，重修後改為皇家海軍醫院。1941 年，醫院為日軍轟炸破壞，其後關閉。1949 年重開，改作律敦治醫院。今仍存。
D'Aguilar Hospital（Old British Military Hospital）舊陸軍醫院	1844	1841 年，英軍登陸港島後，即於威靈頓軍營（今灣仔軍器廠街警察總部處）創立海軍及陸軍醫院，1844 年建成，不幸於當年 7 月為颶風所毀。
Government Civil Hospital 國家醫院	1849	1849 年成立，其時診病者皆外籍人士、華籍公務員及警隊人員，平民甚少前往看病，因華人對西方診治方法不甚信任，且診費昂貴，非一般平民所能負擔。1874 年，該院為颶風所毀，政府遂於中區近中央警署租借一酒店，作為臨時院址，該院遂被稱為歐洲酒店（Hotel d'Europe）。1878 年為大火所毀，翌年建於醫院道的洛克醫院（Lock Hospital）被改作國家醫院，作為香港的主要醫療中心。1937 年瑪麗醫院建成，取代國家醫院地位，該院遂被改作傳染病醫院，稱西營盤醫院。1981 年，該院被拆卸重建後改作菲臘牙科醫院，並為香港大學牙科學生訓練醫院。
St. Francis Hospital 聖方濟醫院（私家醫院）	1852	
Lock Hospital 洛醫院	1858	鑑於香港海陸軍感染性病的人數日增，政府遂於 1857 年 11 月 24 日通過 1857 年第 12 號法案，藉以改善軍人健康，規定獨居的妓女皆需向政府登記，並領取工作證件，每十天須由醫官代為檢查身體，如發現染上性病者，則需入院留醫，每一獨居的註冊妓女須付港幣四元的註冊費。同時，離港的外國海員皆需接受檢查始能離開。每當船隻離去時，須繳交港幣五毫的健康證明費用。妓女、海員及船隻繳交的費用，全作興建醫院的經費。

		1857 年，性病預防醫院建成，取名洛醫院，「洛」英文為 Lock，意為封鎖，即封鎖沒有性病的妓女之地。
		1874 年，舊洛醫院因不敷應用，遂租借一所學校及兩座民居，作為院址。同時，擬於舊國家醫院處改建新院。1878 年，國家醫院為大火所毀。洛新醫院建成後，因國家醫院未有院址，政府遂將洛新醫院轉為國家醫院，洛醫院遂仍以租用的學校及兩座民居作為院址。
		1892 年，政府取消強制妓女接受檢驗，洛醫院因重要性大減，遂被改作婦女性病醫院，1894 年 6 月 1 日，該院關閉，婦女性病治療工作轉歸國家醫院主理。
Tung Wah Hospital 東華醫院	1870	廣福義祠（1851-1869）：位於太平山街，1851 年建，安放來港工作及居民先人的牌位，其後窮困者、無賴及垂死者皆任住該地，甚為擠迫。雖然政府於鄰近興建國家醫院，但其時華人多不願到此治療，因當時華人對西方醫術仍頗抗拒。1869 年，政府關閉義祠，另建東華醫院。
		東華醫院（1870-）：1870 年創立，1872 年建成，初華人不願進入，因華人認為醫院是垂死者才進入之處。該院為其時唯一死後不需驗屍的醫院，亦有進行天花檢疫工作，惟其時仍施中醫療病。
		1897 年改為施行西醫療病。1898 年，政府計劃擴建新院。1899 年，東華醫院堅尼地城防疫診療所（Tung Wah Hospital Kennedy Town Anti Plaque Clinic）成立。1907 年，東華醫院堅尼地城天花（痘）防疫診療所（Tung Wah Hospital Kennedy Town Anti Smallpox Clinic）成立。
		1902 年，東華傳染病醫院（Tung Wah (Infections Diseases) Hospital）成立，1920 年，東華醫院金禧樓建成。

		廣華醫院（1911-）（Kwong Wah Hospital）：二十世紀初，九龍及新界人口日增，惟並無醫院設立。1907年，何啟爵士提議於油麻地建醫院。1911年，東華醫院於九龍成立廣華醫院。1915年，建一碼頭及公共診所，協助油麻地艇戶。1929年，加設普通科及產科。 東華東院（1929-）（Tung Wah Eastern Hospital）：1921年，位於港島東部的集善醫院（Che Sien Hospital）因經濟困難，未能繼續為東區居民提供文化治療服務，故向東華醫院要求歸入其組織內，惟其時因世界政局動盪，東院當局未予接受。1925年，東院決定於東區自建新院，獲政府於銅鑼灣提供土地，於1926年建東華東院，1929年建成。 1931年，三院聯合管理，戰後繼續發展。 1958年，東華醫院兩新翼落成。1965年，廣華醫院重建。同年，東華三院黃大仙醫院成立。1967年，東華三院馮堯敬醫院成立。
Royal Naval Hospital 皇家海軍醫院	1873	
Small Pox Hospital 天花傳染病醫院	1878	
European Lunatic Asylum 歐籍人士精神病院	1884	

Alice Memorial Hospital 雅麗氏紀念醫院	1887	位於荷李活道，1887 年建立，用西方醫藥。由倫敦傳道會購地、何啟爵士出錢建成，用以紀念其妻雅麗士獲登（Alice Walkden）（1882 年隨何啟來港，1884 年死於傷寒症）。該院亦設有醫科訓練學院。 1893 年之前，亨利威廉戴維斯（Henry William Davis）為紀念其母拿打素（Nethersole），遂建一醫療所並成立拿打素基金。1893 年，倫敦傳道會於般含道雅麗士醫院南面建一醫院，名拿打素醫院，主治婦孺。 1894 年時，受瘟疫影響，雅麗士及拿打素兩醫院關閉，改作基督教避疫之所。1896 年，兩院始再開放。前者供男士治病，後者為婦孺專用。及後，因社會缺乏產科病床，故倫敦會於 1904 年再加建雅麗士紀念產科醫院。1906 年，何啟之姊何妙齡在拿打素醫院旁創建何妙齡醫院。 1891 年，雅麗士醫院開始開辦護士訓練。日佔期間，該院為日軍佔用。戰後，何妙齡新院於 1950 年落成。1954 年，新產科醫院建成，同年四院合併，稱雅麗氏何妙齡拿打素醫院（ALMLN Hospital）。 1993 年間，該院遷至港島柴灣，名東區尤德夫人拿打素醫院（Panele Youde Nethersole Eastern Hospital），1997 年，雅麗氏何妙齡拿打素醫院遷至大埔。如今，上述兩院並存，同為香港市民服務。
Peak Hospital 山頂醫院	1889	
Chinese Lunatic Asylum 華人精神病院	1891	
Hygeia （Hospital Hulk） 海之家	1891	

Nethersole Hospital 那打素醫院	1893	
Kennedy Town (Infectious Diseases) Hospital 堅尼地城傳染病醫院	1894	
Glass Works Hospital	1894	
St. Paul's Hospital 聖保祿醫院 （私家醫院）	1898	
Tung Wah Infectious Diseases (Smallpox) Hospital 東華傳染病醫院	1902	
Victoria Maternity Hospital 維多利亞母嬰醫院	1903	
Alice Memorial Maternity Hospital 那打素產科紀念醫院	1904	
British Military (Bowen Road) Hospital 英軍（寶雲道）醫院	1905	
Ho Miu Ling Hospital 何妙齡醫院	1906	

Matilda Hospital 明德醫院 （私家醫院）	1907	1907 年開幕，為香港早期的私家慈善醫院。1916 年，產房建成。1975 年起，創明德醫院抬轎比賽籌款，以後每年舉辦。1949 年，改稱明德戰爭紀念醫院（Matilda & War Memorial Hospital），如今改稱明德國際醫院，1999 年，成為香港首間獲得標準國際品質 ISO 9002 證書的醫院。
Kwong Wah Hospital 廣華醫院	1911	
Pok Oi Hospital 博愛醫院	1919	
Hong Kong Sanatorium and Hospital 養和醫院 （私家醫院）	1922	1922 年，一群華人名醫成立公司，購入跑馬地愉園之地，建兩座醫舍。1927 年，成立護士訓練班。1932 年，建中央主座。1934 年，訓練接生。1941 年，為日軍所佔，院方變賣用品維持。1945 年，醫院重開。1956 年，建李樹芬樓。1993 年，建李樹培樓。
Tsan Yuk Hospital 贊育醫院	1923	1922 年 10 月 17 日開幕，目的是提供生產服務及訓練「接生婆」。由 1926 年起，該院亦為香港大學訓練生產護士，至 2001 年止。1952 年，舊醫院不足應用，香港賽馬會遂贊助興建新院，1955 年落成。
War Memorial Nursing Home 戰爭紀念護理院	1922	

Kowloon Hospital 九龍醫院	1925	位於九龍半島東北面小山上，1920 年倡建，1925年 12 月 24 日落成開幕。原位於亞皆老街，共兩座，1932 年及 1935 年門診部兩座建成。日佔期間為日軍佔用，1946 年重修後再作醫院。1963 年，伊利沙伯醫院開幕，九龍醫院的重要性遂失，故被關閉，至 1965 年才再應用至今。
Victoria Mental Hospital （Mental Hospital） 精神病醫院	1928	1928 年成立，其後改稱精神病院（Lunatic Asylum），附於醫院道國家醫院，為國家醫院的一部分。1938 年，國家醫院鄰近的歐籍護士宿舍（位於高街）改作精神病院、護士辦事處及女性病房（C座）。戰後，舊院已不足應用，1957 年，於青山建新院。1961 年 3 月 27 日，新院落成，其各醫院亦有精神病康復單位。青山醫院於 1996 年完成擴張。
Canossa Hospital （Caritas） 嘉諾撒醫院 （私家醫院）	1929	
Tung Wah Eastern Hospital 東華東醫院	1929	
Shing Mun Hospital 城門醫院	1933	
Haw Par（St. John's）Hospital 長洲醫院	1934	
Kam Tin（St. John's）Hospital （私家醫院）	1936	

Precious Blood Hospital 寶血醫院 （私家醫院）	1936	
Queen Mary Hospital 瑪麗醫院	1937	1937年開幕，位於港島西北部薄扶林區。1941年曾為重要戰地醫院，日佔期間為日本軍人醫院，1945年回復正常。1948年起供港大醫學院學生在院訓練。1962年擴張，增加設備，為醫科學生提供訓練，今仍在發展。
Sai Ying Pun （Infectious Diseases） Hospital 西營盤醫院	1938	
Lai Chi Kok Hospital 荔枝角醫院	1939	
St. Teresa's Hospital 聖德肋撒醫院 （私家醫院）	1940	
Tai Wo Hospital （Tai Wo Yuen） 太和醫院	1941	
North Point Convalescent Home 北角療養中心	1946	
Felix Villa T.B. Sanatorium 摩星嶺胸肺科健康院	1947	

Ruttonjee Hospital 律敦治醫院	1949	
Hay Ling Chau Leprosarium 喜靈洲痲瘋病院	1951	
Haven of Hope Hospital 靈實醫院	1955	
Duchess of Kent Children's Hospital at Sandy Bay 大口環根德公爵夫 人兒童醫院	1956	
Grantham Hospital 葛量洪醫院	1957	
Lock Tao Maternity Home & Clinic 樂道健康院 （私家醫院）	1957	
South Lantau Hospital 大嶼山醫院	1960	
Castle Peak Hospital 青山醫院	1961	1961 年成立，治療精神病患者及訓練精神病治療 醫護人員。
Cheshire Home, Chung Hom Kok 舂坳角慈氏護養院	1961	

Our Lady of Maryknoll Hospital 聖母醫院	1962	
Hong Kong Baptist Hospital 香港浸信會醫院 （私家醫院）	1963	
Queen Elizabeth Hospital 伊利沙伯醫院	1964	
Cartias Medical Centre 明愛醫院	1965	
Tsuen Wan Adventist Hospital 荃灣港安醫院 （私家醫院）	1964	
Evangel Hospital 播道醫院 （私家醫院）	1966	
Tung Wah Group of Hospitals Wong Tai Sin Hospital 東華三院黃大仙醫院	1965	
Hong Kong Central Hospital 港中醫院 （私家醫院）	1967	

British Military Hospital 陸軍醫院	1967	
Nam Long Hospital 南朗醫院	1967	
Tung Wah Group of Hospitals Fung Yiu King Hospital 東華三院馮堯敬醫院	1967	
Tang Shiu Kin Hospital 鄧肇堅醫院	1968	
Hong Kong Buddhist Hospital 香港佛教醫院	1969	
Hong Kong Adventist Hospital 港安醫院 （私家醫院）	1970	
Siu Lam Hospital 小欖醫院	1972	
Fanling Hospital （Chien Ai Hospital） 粉嶺（真愛）醫院	1973	
United Christian Hospital 基督教聯合醫院	1973	

Yan Chai Hospital 仁濟醫院	1973	
Princess Margaret Hospital 瑪嘉烈醫院	1975	
Kwai Chung Hospital 葵涌醫院	1981	
Prince Philip Dental Hospital 菲臘牙科醫院	1981	
Margaret Trench Medical Rehabilitation Centre 戴麟趾夫人復康院	1982	
MacLehose Medical Rehabilitation Centre 麥理浩復康院	1984	
Prince of Wales Hospital 威爾斯親王醫院	1984	
Tuen Mun Hospital 屯門醫院	1990	
Cheshire Home, Shatin 沙田慈氏護養院	1991	

Shatin Hospital 沙田醫院	1991	
Bradbury Hospice 白普理寧養中心	1992	
Hong Kong Eye Hospital 香港眼科醫院	1992	
Pamela Youde Nethersole Eastern Hospital 東區尤德夫人那打 素醫院	1993	
Union Hospital 仁安醫院（私家醫院）	1994	
Wong Chuk Hang Hospital 黃竹坑醫院	1995	
North District Hospital 北區醫院	1998	
Tai Po Hospital 大埔醫院	1998	
Tseung Kwan O Hospital 將軍澳醫院	1999	

附錄：東華三院興建卑路乍街嘗產碑記

本院卑路乍街嘗產，設置有年，佔地共三萬四千七百八十六平方呎，本屆同寅，因有興建嘗產之倡議，擬訂方案，預計興建八層新型樓宇四座，建設費達二百五十餘萬元，全部樓宇建成後，每年租金收益超逾七十萬元。工程分期進行，斯為本屆計劃興建嘗產之最偉大者。首期工程亦於本屆任內完成，敗瓦頹垣，遂成傑閣，層樓聳峙，永卜安居。三院為港島最大華人慈善機構，自創院八十餘年來，於貧苦僑眾，養生救死，莫不悉力以赴。應屆前賢，苦心經營，不斷建設，年中經費支銷浩繁，同寅等受坊眾重託，敢不竭殫心力，共體前賢締造艱辛，發揚傳統博愛精神，為貧病大眾造福，故在繼承善業，於推進院務之餘，復求鞏固三院經濟基礎，興建嘗產計劃，不徒善款來源有賴，抑於繁榮都市，解決屋荒□□，不無少補，尚望後之賢者，始終其事，幸甚感甚。際茲卑路乍街嘗產首期工程落成，謹陳始末，鑴石為記。

東華三院主席 張鎮漢　　首總理 王澤流 張玉麟
總理 張熾昌 潘友雄 余禮國 陳澤富 莫星泉 李維鼎 鄺拔萃 莊重文
邵邨人 余日年 崔雨川 吳文政 鍾錦泉 黃宜先 盧海明 韋基舜
謹誌

　　　　　　　　　　　　一九五九年歲次己亥□春穀旦

公共廁所

　　香港公共廁所，簡稱公廁，其歷史最早可以追溯至香港開埠初期。根據清廷外交官張德彝《航海述奇》所載，1860 年代，香港政府已立例禁止在大街上隨處便溺。惟當時公眾場所多未設廁所，因此不少人在「急需」時，均選擇在後巷等較隱蔽的地方解決，令這些地方經常臭氣沖天，且不衛生，致產疫症。

　　十九世紀末，香港鄉村的村屋及城市的舊式唐樓，其下水道系統設計簡陋，並無自動沖水（拉水）馬桶水廁。人們多用尿壺或痰盂如廁，後把糞便（稱「夜香」）倒進有蓋的木桶（稱「屎塔」、「馬桶」或「夜香桶」），上蓋密封。晚上放到住所戶外，於深夜或零晨，由「夜香婦」收集，搬運到街上，倒上「夜香車」，將穢物運走。「夜香婦」多為女工，她們用毛巾包鼻，逐家逐戶拍門叫「倒夜香」，住戶將夜香桶放在住所戶外或樓梯口轉角處，供夜香

婦以扁擔挑至街道上，倒進倒夜香車運走。收取的糞集中運往農村，用作堆肥肥料。倒夜香為一種古老的厭惡性服務行業，工人工資不高，有為政府市政局負責聘請，亦有私營公司外判承包。

1880年，香港人口已達十六萬，卻只有一百八十二個沖水馬桶。港府為改善環境衛生，開始在中環區興建公廁。當時廁所屬污穢地方，為節省土地，公廁皆設在地底。又因當時「重男輕女」的社會文化，女性較少外出工作，因此不少地底公廁均只設男廁，不設女廁。

十九世紀末，太平山街發生鼠疫，政府為改善區內唐樓的衛生，並改變當時華人倒夜香的習慣，在1901-1942年間，陸續興建許多地底公廁。由於早期香港的下水道設施不多，因此需以人手清糞，又因興建地底公廁時未考慮室內通風，致這些廁所臭氣薰天，未能鼓勵市民善用，故實未能有效改善隨地大小便的陋習。

二十世紀初興建的地底公廁，仍能考證位置者，包括：位於西邊街與第二街交界，1900年代初建，已被填平；位於花園道與皇后大道交界，1902年建，已被填平；位於皇后大道西雀仔橋地下，1911年建，已被填平；位於德己立街與和安里交界，1913年建，已被填平；位於威靈頓街與皇后大道中交界，1913年建，仍然開放；位於砵甸乍街（石板街）與皇后大道中交界，1914年建，已關閉，並改作電錶房；位於鴨巴甸街與士丹頓街交界，1918年建，已關閉，2011年6月15日列為二級歷史建築。

二十世紀中葉，政府陸續興建許多公廁，住家樓宇亦陸續設有沖水馬桶。至 2000 年代，中西區只剩威靈頓街跟皇后大道中交界的地底公廁仍對公眾開放，入口位置的樓梯配以紙皮石裝飾，其設施已十分現代化。

必列者士街舊公廁

※

體育活動發展

　　香港早期的體育活動，主要由西方人士組織的體育會舉辦，參與者僅限於駐港英軍、商人及外籍公務員等，華人絕少機會或渠道參與。香港木球會於 1851 年成立，其後香港遊艇會及域多利遊樂會等相繼成立。香港賽馬會於 1884 年成立，1891 年開始舉辦賽馬博彩活動。而英國人亦將其流行的足球運動帶到香港，於 1886 年成立香港足球會，同時舉辦全亞洲歷史最悠久的職業足球聯賽及錦標賽等特別銀牌賽事。

　　二十世紀初，香港的華人學生開始在學校舉辦體育運動。香港中華業餘體育協會於 1916 年成立，負責推動本地華人體育活動發展，同時選拔運動好手代表中國參加國際賽事。1941 年，日本佔領香港，體育發展停頓。

　　戰後香港的體育活動恢復發展。1950 年，香港業餘體育協

會成立，協調本地體育事務，並負責選拔運動員參加地區及國際性運動賽事。翌年獲國際奧委會承認，更名為香港業餘體育協會暨奧林匹克委員會，同年獲亞洲奧林匹克理事會承認，並於1952年首次以香港名義參加第十五屆赫爾辛基奧運會。

近年，香港體育運動高速發展，運動風氣盛行，不論職業或業餘、健全或傷殘人士的參與性均甚高。香港政府為求體育得以長遠發展，不斷增撥更多資源，用以持續提升香港運動員的水平、建立社區體育文化，以及提升香港作為國際體壇盛事中心的地位。

香港遊艇會

香港遊艇會（Hong Kong Yacht Club）原稱香港皇家遊艇會
（Royal Hong Kong Yacht Club），前身為維多利亞賽舟會（Victoria
Regatta Club），1849 年 10 月首次舉辦賽事。1889 年，香港科林
斯式航海會（Hong Kong Corinthian Sailing Club）成立。1893 年，
該會董事會向英國海軍申請將會所名稱更改為皇家香港遊艇會。
1905 年，香港船會與香港科林斯帆船會合併成為香港皇家遊艇
會後，該會即着手設立新會所。1908 年，香港皇家遊艇會於香
港北角油街的會所落成並啟用。

為配合 1930 年代北角的填海工程，該會於 1938 年在銅鑼灣奇
力島設立新香港皇家遊艇會會所。日佔期間，日軍以奇力島為軍火
庫，儲存燃料、大炮及彈藥。1945 年重光後，遊艇會於同年重開。

1955 年修建新銅鑼灣避風塘時，設有海堤從波斯富街連接奇力島。1965 年，港島區進行填海工程，奇力島正式與香港島連接。1972 年，隨着香港海底隧道啟用，該島因位於隧道出口側，今已成為香港島的一部分。1997 年香港主權移交後，香港皇家遊艇會將中文名稱中的「皇家」刪除，稱香港遊艇會。該會在南區熨波洲及西貢白沙灣均設有分會。

舊油街香港遊艇會會所

該會於油街的會所為一組具有愛德華時期建築風格的紅磚建築群，1908 年落成。主樓高兩層，地下設有兩個艇庫，上層為會所設施，有寬闊遊廊。昔日前方為臨近海邊的草坪，曾經泊滿遊艇。會所範圍內還有一座職員宿舍，及一座看守員室。

香港政府物料供應處倉庫

香港皇家遊艇會搬離油街後，香港政府於 1946 年收回該地，舊會所改作職員宿舍，又於舊址對開興建貨倉，作政府物料供應處倉庫。1995 年，前香港皇家遊艇會會所被列為香港二級歷史建築。1999-2000 年曾出租予本地藝術團體，成為油街藝術村；千禧年後曾為古物古蹟辦事處儲存考古文物之用。2013 年活化為藝術空間「油街實現」，場地由藝術推廣辦事處管理，定期舉辦各種藝術展覽及活動。

「油街實現」

奇力島

奇力島（Kellett Island），又稱吉列島或加列島，華人稱為燈籠洲，面積只有 0.01 平方公里，為一無人居住的荒島，地質屬中粒花崗岩結構，1841 年由英國皇家海軍上尉 Henry Kellett 命名。1860 年《北京條約》內的地圖中譯為燈籠洲。

開埠後，該島成為英國軍隊面對對岸清軍的前哨。1841 年，英國軍隊在島上建有營壘駐兵，守衛維港東部。1854 年，島上加設三門大炮，至 1860 年九龍半島割讓後才移去。1868 年，改作彈藥庫。

1938 年，香港皇家遊艇會遷至島上，利用火藥庫的地基興建遊艇會會所大樓。日佔期間，日軍以奇力島儲存燃料、大炮及彈藥。1945 年重光後，遊艇會重開。

1951 年，銅鑼灣填海工程開展，翌年建成一條堤道將奇力島與香港島連接。1969 年，為修建海底隧道，在奇力島附近填海。1972 年，該島與香港島合併。

　　1991 年修建會所時，奇力島地下曾發現古陶罐，內藏約二千四百枚古銅錢，這些古錢幣可追溯到七百至一千四百年前隋、唐、宋三代。2014 年，古物古蹟辦事處於遊艇會擴建會所工程時，再作考古調查，惜無任何發現。

賽馬

　　香港賽馬運動始創於 1846 年，由英國人引入香港。1846 年
12 月，跑馬地馬場（Happy Valley Racecourse）首次舉辦賽馬運
動。1873 年，首次舉辦香港打吡大賽（Hong Kong Derby）。其
初，賽馬運動為業餘性質，由一些愛好策騎人士擔任騎師。隨着
賽馬運動越來越受歡迎，香港賽馬會於 1884 年成立，專責香港
賽馬運動事宜，並於跑馬地馬場跑道旁，以竹枝及茅草搭建簡陋
的看台。早期，每年只舉辦一次賽馬，通常於一二月間舉行，為
期數日，稱為週年大賽。

　　1891 年，馬會開始接受投注，賽馬成為博彩活動。1907
年，首位馬會秘書被委任，馬會亦於中環設立辦事處。早期的賽
馬運動，只有歐洲人參與，而華人對於這項運動並不熟悉，也缺
乏興趣。1918 年 2 月 26 日，跑馬地馬場舉行週年大賽時，發生
傷亡慘重的火災，由於當時的看台只以竹棚搭建，加上環境擠

迫，導致五百餘人喪生。隨着這項運動不斷發展，華人對此的了解逐漸加深，興趣轉濃，參與賽馬的華人漸眾。1926年，首次有華人成為香港賽馬會會員。

1931年，馬會首次發行馬票，馬票為一種結合賽馬與攪珠的彩票形式，分大馬票與小搖彩兩種，先以攪珠方式產生入圍號碼，再以一場指定的賽事賽果決定中彩馬票。大馬票每年開獎兩次，後增加至三至四次，小搖彩則於馬季期間每月開獎一次。

日佔時期，日軍繼續舉行賽馬活動。1945年8月戰爭結束，香港賽馬會重新管理賽馬運動。1950年，馬會於跑馬地馬場安裝電算機，以取代人手售票、計算派彩及公佈賽果等工作。跑馬地馬場看台先後於1957年及1969年進行加建工程。到1960年代，每逢賽馬日，跑馬地馬場都人頭湧湧，而當全場滿座，馬場入口便懸掛象徵「爆棚」的紅旗。1970年代起，當跑馬地馬場看台滿座，會讓當時的麗的電視現場直播賽馬，以方便馬迷投注。

隨着賽馬運動發展，業餘騎師制度難以應付需求，香港賽馬自1971年起開始職業化，聘請外地專業騎師來港策騎，並開設見習騎師訓練班，訓練本地全職騎師。1973年，馬會於跑馬地跑道上安裝燈光系統，並開始於星期三晚上舉行夜馬賽事。同年，香港政府批准馬會設立場外投注站及電話投注服務。1976年，馬會開始舉辦六合彩，而大馬票則於1977年起取消，其後在1999年及2000年復辦。

為應付市民對賽馬活動持續增加的需求，馬會在1978年於

新界沙田興建第二個馬場，並先後重建及擴充兩個馬場。主要錦標賽事亦改於沙田馬場舉行。1981年，電話投注系統進行電腦化。1983年，兩馬場投注設施及場外投注處亦完成電腦化，彩票由電腦印發。1987年，所有跑馬地的馬房遷入沙田，跑馬地馬場不再進行晨操，原位於跑馬地山光道的馬房則被拆卸，現時只保留一座臨時馬房，以供安放賽事舉行當日之出賽馬匹。馬會其後於原址興建新會所大樓及其他康體設施以取代原位於體育路的舊大樓。1988年首次試用投注寶。1995年，跑馬地馬場完成重建工程。

跑馬地馬場

跑馬地馬場，亦稱快活谷馬場，位於香港香港島灣仔區跑馬地。開埠初期，該地原為一片沼澤地，駐港英軍填平該地後，蓋建軍營一座，不料瘟疫爆發，英軍營地他遷。其後，港府為改善該地衛生，在原地上建一賽馬跑道，從英國引入賽馬運動。1846年，跑馬地舉行首次賽馬活動，參賽者純屬業餘性質。

其後，賽馬及博彩活動於香港華人社區風行。1931年，跑馬地馬場因應需要，建成首兩座三層高的永久看台。日佔時期，跑馬地馬場被易名為青葉峽競馬場。

1957年，看台加建為樓高七層。1969年再度擴建。1995年，跑馬地馬場再度重建，成為一座世界級的全草地馬場。重建後的跑馬地馬場除了擁有一條闊三十米的草地跑道外，還設有

馬場看台、香港賽馬博物館、新馬會總部大樓等建築。2001 年底，馬場更換了彩色大銀幕。此外，看台上有一間名為「滿貫廳」的中菜館（位於馬房彎舊址），非賽馬日只招待香港賽馬會會員。

過往香港賽馬會於跑馬地馬場內設有中場席，但現已取消。現時，跑馬地馬場中央位置為康樂及文化事務署管理的跑馬地遊樂場。另設有五個草地足球場及兩個人造草地小型足球場，供足球比賽及訓練使用，主要舉辦甲組、學界及青少年組別的足球賽事，以及欖球及曲棍球等運動賽事。另有一條長一千零五十九米的緩跑徑。

沙田馬場

沙田馬場（Sha Tin Racecourse）為香港第二個賽馬場地，位於新界東部沙田區火炭東部，由香港賽馬會興建及管理。為興建該馬場，須先於沙田海進行填海。1978 年落成啟用，設有草地、泥地跑道，主要為日馬賽事場地，但每年亦舉行三次全泥地夜馬賽事。

該馬場設有兩座看台，分為會員席及公眾席。看台設有投注大堂、飲食設施等。場內設有彩色大屏幕，看台側的沙田會所則為會員提供飲食及康樂設施。馬場其他設施包括馬房，騎師、練馬師及馬伕宿舍等，另有一座綜合大樓供馬會使用。

馬場中央為彭福公園，為市民提供休憩空間。

木球

木球是根據英文 Woodball 意譯而成，原稱板球，其他華人地方均稱為木球。板球歷史相當久遠，其雛形可以追溯至十二世紀的英格蘭。鴉片戰爭後，英國人從英國引入板球，首次板球比賽於 1841 年便舉辦。1851 年香港木球會（Hong Kong Cricket Club）成立，1903 年更舉辦甲組聯賽，其後於 1968 年成立香港板球總會，為官方板球運動的推廣組織。

板球在香港南亞裔人士中相當流行，但板球場在香港卻並不普遍，致令他們經常要在籃球場和足球場玩板球。目前香港板球運動主要舉辦的賽事，是獲得國際總會認可的世界級賽事「香港六人板球賽」。

香港木球會

香港木球會舊址原為英軍美利操場的一部分，1851 年改作公共康樂設施，場地名「打波地」，並成立香港木球會，建有會所及球場，只限西人參與。球會先後在多處角落設置觀景亭，1923 年興建兩層高的會所。日佔時曾用作舉行弔祭陣亡日軍活動場地。球會租約於 1971 年終結，1975 年因興建地下鐵路，木球會遷往黃泥涌峽，舊址闢作遮打花園。花園於 1983 年開放，昃臣道入口內豎有牌匾，以紀念其歷史。

九龍木球會

九龍木球會（Kowloon Cricket Club）的總部位於香港九龍佐敦覺士道，為推廣木球運動的會所組織，於 1904 年成立。該會創立初期，會員多為印度及巴基斯坦籍人士。總部由商人麼地爵士奠基，於 1908 年建成，由香港總督盧吉揭幕。總部其後於 1931 年擴建，翌年落成。1938 年起，因二戰開始，會員人數開始減少。日佔時期，會所被日軍徵用為驢馬營房，建築內的木材被取去，作為生火之用。香港重光後，會場及會所建築分別於 1946 年及 1948 年復修，正門入口置有麼地爵士頭像。1958 年，會所大樓擴建一座新翼，1965 年增設游泳池。

草地滾球

草地滾球（Lawn bowls）的歷史，可追溯至公元前五千年，當時古埃及人已在玩一種類似滾球的遊戲，其目的在於「擊中」一個目標。十三世紀，歷史上出現了首個關於草地滾球的正式記載。草地滾球在二十世紀初引進香港，當時一群熱心人士在九龍區取得一幅土地，並成立香港第一個草地滾球會。1910 年，香港首次舉辦草地滾球聯賽，並一直茁壯發展。

九龍草地滾球會

1900 年，英國人及澳洲人在香港進行草地滾球運動，並成立九龍草地滾球會（Kowloon Bowling Green Club）。1939 年，該會正式向香港政府購買九龍尖沙咀柯士甸道與覺士道交界的土地，興建永久會所，該會初期只接受外籍男性會員。由於地理

位置相近，所以有人將該會與附近葡萄牙人成立的西洋波會相混淆。

日佔時期，該會會所建築被日軍徵用為營房，草坪則成為番薯田。香港重光後，駐港印度軍一度將該球場改作曲棍球場。1946年，該址才還原為草地滾球會所之用。1982年，該會開始接受華籍會員及女性會員。會所建築物於2010年被評為三級歷史建築。

香港草地滾球總會

香港草地滾球總會（Hong Kong Lawn Bowls Association）成立於1961年，主責監管及管理在香港的草地滾球運動。現時，香港草地滾球總會為世界滾球總會成員，旗下的主要比賽為三人聯賽及四人超聯賽。總部設於銅鑼灣掃桿埔大球場徑一號。

西洋波會

西洋波會（Club De Recreio）位於九龍加士居道近衛理道交界，為香港一個草地滾球組織及休閒體育會館，於1906年由旅港葡萄牙人成立。早期自置的會址位於遮打道（Chater Road）（即今北京道）與花園道（Garden Road）（即今漢口道）交界，後因會員增加，會址不敷應用。1910年，由在渣甸洋行（Jardine Matheson & Co.）擔任商貿助理的葡萄牙人白理桃（João Antonio Barretto）提供其金巴利道（Kimberley Road）九龍花園地段第

36 號（Kowloon Garden Lot No.36）（後更改地契為九龍內地段第535 號，Kowloon Inland Lot No.535），即今美麗華酒店的位置，作新會址，並於同年建成運動員休息室。

　　該地最初只為一家以葡萄牙人為主的私人俱樂部，主要提供場地給予會員進行球類運動，包括草地滾球、木球及曲棍球。1919 年，球會組成，後因會員急增而需尋覓更大的地方，於1925 年獲政府批地，搬遷往今天京士柏（King's Park）的會址。由於經濟、社會及政治環境的變動，球會自 1968 年起接受任何國籍與性別人士參加成為會員。該會所提供各種球類活動給會員玩樂，惟室內範圍跟馬會會所一樣，不能使用手提電話。會所建築現被評為三級歷史建築。

　　西洋波會曾以西洋會名義參與由香港足球總會所主辦的足球賽事，於 1919 年加入乙組聯賽，1925 年贏得乙組聯賽冠軍後，於 1926-1927 年度球季升上香港甲組足球聯賽角逐，首個球季便贏得甲組聯賽冠軍。該會足球隊曾誕生告山奴兄弟（Gosano brothers）等名將。惟於 1952 年，該會宣佈解散其足球隊。

高爾夫球

　　高爾夫球運動的起源有多種說法：有謂高爾夫球（Golf）為荷蘭文 Kolf 的音譯，源於一千多年前，荷蘭放羊的牧童於閒暇時，常用手中的牧羊棍打擊小石頭，比較誰擊得遠、擊得準，或二者兼而有之而產生；有謂起源於蘇格蘭的牧羊人在放羊時發現的「擊石入窩」遊戲；又據說於十五世紀初，駐守蘇格蘭北海沿岸聖安德魯斯城（St Andrews）的士兵，經常在草地上進行一種擊球入穴的遊戲；亦有謂源於中國在唐朝時的「捶丸」體育活動。惟多數國家公認高爾夫球的發源地為蘇格蘭。

　　皇家香港高爾夫球會（The Royal Hong Kong Golf Club）由十三名高爾夫球愛好者於 1889 年創立。起初無適合打高爾夫球的空曠土地，最終獲政府批准，在跑馬地進行高爾夫球運動。惟跑馬地當時同供足球、馬球、曲棍球運動進行，亦為駐港英軍閱

兵之所，因此，一眾會員只能與其他人士輪流使用該場地。

1891年，皇家香港高爾夫球會會員已增加至超過一百人，球會於跑馬地場地內搭建一所小棚屋作會所，供會員歇息之用，並提供茶點及小食。1896年，由於球場不敷應用，故開始規定，女士只可在指定時間及條件下打球。1897年，球會正式獲准冠名「皇家」香港高爾夫球會。

隨着會員數目與日俱增，球會需另覓土地，興建新球場。1898年，球會與政府達成協議，租用深水灣土地，用作小型高爾夫球場，會所亦於同年落成並啟用。當年會員除可於該處打球外，亦可順道到附近海灘暢泳，惟須坐船或策馬攀越黃泥涌峽，才能到達深水灣球場，而球僮則要扛着球桿與野餐食品，徒步前往。

1903年，跑馬地場地除週三及週六舉行足球及板球比賽外，其餘時間供皇家香港高爾夫球會使用，女士則只可在週日打球。

1911年，球會獲批准於粉嶺一塊土地，闢建一個十八洞球場，即今之粉嶺高爾夫球場舊球場（Old Course），於年底建成。1920年代末期，球會再獲批額外土地，興建新球場（New Course），並於1931年底落成啟用。

二戰結束後，由於粉嶺與深水灣球場經已荒廢，球會亦瀕臨破產邊緣。有賴一眾會員與本地公司鼎力支持，球會不但重獲新生，並於1970年增建第三球場——伊甸球場（Eden Course）。

香港高爾夫球會自 1959 年起舉辦香港高爾夫球公開賽至今，被公認為全球其中一個歷史最悠久及最高質素的高爾夫球會。1996 年會員投票決定通過除去「皇家」稱號，自此易名為「香港高爾夫球會」（The Hong Kong Golf Club）。

快活谷高爾夫球場

1889 年，高爾夫球會於快活谷（Happy Valley）創設高爾夫球場，會所由建築師 Edward Albert Ram 設計。1896 年，快活谷會所正式啟用。1918 年，快活谷大火，會所的紀錄遭焚毀。二戰期間，會所被搶劫一空。戰後，球會將快活谷會所及球場歸還政府。

深水灣高爾夫球場

深水灣高爾夫球場位於香港島深水灣香島道，1898 年政府正式批出該地作高爾夫球場。1899 年興建會所，會所由建築師 Edward Albert Ram 設計。球場佔地 6.7 公頃，草地呈三角形，球道及果嶺相當平坦，設有九球洞（八個三桿洞及一個四桿洞）。會所設有中西餐廳、游泳池、健身室及宴會廳等。

粉嶺高爾夫球場

粉嶺高爾夫球場俗稱波樓，位於新界粉嶺古洞，西面不遠處有何東爵士的東英學圃，佔地一百七十公頃，包括三個十八洞球

場。球場一直由香港高爾夫球會所租用及管理。

1908年，香港高爾夫球會與政府及當地農民展開商討，並在1911年底，於粉錦公路兩側取得足夠土地，興建十八個洞的球場。最初，球會中人原擬選址軍地新圍一帶，但遭駐港英軍反對。

當粉嶺高爾夫球場舊場平整土地時，除鄰近粉嶺會所及三號果嶺僅有數棵樹木外，球場土地只有少許小花。1915-1919年間大規模植樹，但到1921年時，球場仍泥濘處處。其時，場上有不少山墳及金塔，港督梅含理捐出五萬元給受影響的家庭，作遷葬補償。舊場十號球洞處因有不少金塔，為免「金塔」於打球時被擊中，原居民會即時高叫「Tommy Tucker」（廣東話諧音「唔得㗎」），以阻止球員打球。1931年，港督貝璐主持粉嶺高爾夫球場新場開幕。該場位於粉嶺高爾夫球場中部及西北部。

二戰期間，粉嶺高爾夫球場滿目瘡痍，樹木被砍掉作柴，大部分果嶺被用來種菜。戰後，駐港英軍一度徵用該球場，以駐紮部隊。新場被用作軍事訓練用途，地面出現無數狐洞。1950年代，所有果嶺改鋪烏干達草。1959年，香港高爾夫球公開賽在粉嶺高球場舉辦。自此，該處成為每年本港舉辦高爾夫球公開賽的場地。

1967年，球會與香港賽馬會商討，協議將三十英畝鄰近雙魚河的土地，劃入作高爾夫球場，球會則容許賽馬會的會員，在指定土地上策騎。1971年，十八洞的伊甸場正式啟用，並由港

　　　　　舊日足跡：香港地區與民生尋蹤

督戴麟趾主持開幕。該場位於粉嶺高爾夫球場西部及北部。

1999 年政府一改過往契約每年續期的習慣，以一千元批出二十一年的球場契約，還無償附送一幅十一公頃的短期租約土地，使球場面積擴大到一百七十公頃。2008 年夏季奧林匹克運動會馬術比賽的六公里越野賽，部分賽道於粉嶺高爾夫球場內舉行。2015 年 6 月 5-7 日，第一屆香港女子高爾夫球公開賽（Hong Kong Ladies Open）在粉嶺高爾夫球場舊場舉行。

現時，粉嶺高爾夫球場上分散有六十九個中國墳墓及八十個金塔，其中十八個祖墳分散在舊場上，球場南部山丘亦有墓地。

粉嶺高爾夫球場內有超過一百五十棵古樹，當中有八十四種已被登記在香港政府的古樹名木冊，許多樹種樹齡已超過八十年，包括榕樹、桉樹、本土樟樹、阿拉伯膠樹、鐵木樹、諾福克松樹及白千層，場內亦存有相當數量受保護的土沉香。2019 年，土木工程拓展署的環評工程簡介指出，粉嶺舊場內有「帶狀植物區」及次生林地，南端大龍實驗農場則有印度馬兜玲（Aristolochia tagala）及水松（Glyptostrobus pensilis）。

區內水道發現具保育價值的淡水魚月鱧及淡水束腰蟹，過去亦曾發現陸地哺乳類動物（果子狸、小靈貓、赤麂、石虎等）、蝙蝠（短耳犬蝠、中菊頭蝠、大蹄蝠、絨山蝠、東亞家蝠、扁顱蝠、中黃蝠等）、鳥類（牛背鷺、褐魚鴞等）、兩棲爬行動物（草龜、中國水蛇等）、蝴蝶（紅珠鳳蝶、裳鳳蝶等）及蛾（Spiralisigna gloriae, Fustius sterling）。

粉嶺高爾夫球場範圍內的歷史建築，包括：舊場上 1911 年由建築師 Edward Albert Ram 設計的小食亭（半日亭，Half Way House），被列為三級歷史建築；1914 年建成的粉嶺會所，被列為二級歷史建築。

足球

　　足球為香港最受歡迎的運動，開埠初期由英國傳入。香港曾被譽為遠東足球王國以至亞洲足球王國，1940-1960年代為香港足球的黃金年代。

　　香港足球會為亞洲第一間足球會，於1886年成立，1895年仿照英格蘭足總盃，舉辦香港足球挑戰盃（Hong Kong Football Challenge Cup），簡稱香港盃。翌年冠軍獎座改為銀牌，改名為Hong Kong Football Challenge Shield，中文稱此比賽為銀牌賽。

　　早期銀牌賽由香港足球會主辦。1908年，部分球隊組成聯賽，為亞洲現存歷史最長的足球聯賽。1914年，香港足球總會成立，該會曾為英格蘭足球總會成員，亦為亞洲足球協會創會成員。

　　1922年，香港足球總會正式接辦銀牌賽，並易名為高級組

銀牌，且增設初級組銀牌，賽事分高級組及初級組，其中高級組的參賽隊伍，為應屆香港甲組足球聯賽球隊，賽制以淘汰賽形式進行。

1941-1945 年間，銀牌賽因戰爭而停頓。1954 年，香港足球總會加入國際足球協會。

2011-2012 年間，為增加香港聯賽的比賽場次，高級組銀牌賽賽制由以往單場淘汰賽更改為主客兩回合的淘汰制。2014 年起，高級組的參賽隊伍為香港超級聯賽球隊，其餘組別的球隊，則參加初級組賽事。

南華體育會

南華體育會（South China Athletic Association），簡稱南華會，前身為「華人足球隊」，於 1908 年創立，當時借用位於香港島大坑的學界足球場，即中華遊樂會作為會所。1910 年，易名為南華足球會。1916 年，設立南華遊樂會，以樟園（現跑馬地養和醫院地段）作為會所。1917 年，租用銅鑼灣禮頓山道與波斯富街交界的土地為會所。

1920 年，會所易名為南華體育會，會址搬遷至銅鑼灣耀華街。1927 年，該會向政府租用銅鑼灣加路連山土地作為會址，即會所今之所在地。1929 年，在北角興建海浴場，在九龍京士柏衛理徑興建網球場。

1934 年，加路連山運動場館落成，設有兩層看台。1953

年，興建可容納一萬二千人的足球看台。1966 年，加建一座保齡球場館。1976 年，樓高七層的體育大廈落成，大廈設有綜合體育館、康樂遊戲機中心、健體中心及舞蹈室等設施。1988 年，樓高十七層的體育中心落成啟用，地庫設有室內標準游泳池、訓練池及跳水池，足球場草地旁設有兩層高的高爾夫球練習場。由於香港足球近年發展欠佳，南華會的足球場已甚少使用，因此於 1997 年，該會把部分看台拆卸，加建綜合大樓。2010 年該會慶祝百週年會慶。

南華體育會

香港大球場

香港大球場（Hong Kong Stadium），簡稱「大球場」，前身為政府大球場（Government Stadium），位於香港島灣仔區掃桿埔東院道。

掃桿埔舊咖啡園地，早年建有天主教墳場，亦為埋葬 1918 年跑馬地馬場大火死難者之地。其後政府將該處的白骨墳冢遷往雞籠灣，1952 年於現址興建政府大球場，並於 1955 年正式啟用。

政府大球場的看台分東、西、南（俗稱「大鐘底」）及場館，最初只有西看台中央部分建有頂蓋，其後於 1978 年，東看台亦加建頂蓋。政府大球場見證了 1960-1970 年代香港足球光輝的一頁，當時每逢香港甲組足球聯賽大戰時，政府大球場都全場爆滿，紅旗高掛。向隅的球迷便會攀上位於政府大球場後面正民村附近的山坡觀看球賽，時戲稱「做山大王」。

1990 年代，英皇御准香港賽馬會重建政府大球場，於 1991 年首季啟動。工程期間，政府大球場的草地及看台仍然開放。1994 年，球場重建完成並啟用，重新命名為香港大球場，可容納四萬名觀眾。現為香港最大的戶外多用途康體場地。

修頓球場

修頓球場（Southorn Playground），正式名稱為修頓遊樂場，位於香港灣仔盧押道（莊士敦道與軒尼詩道之間），為一露天運

動場。設有一個七人小型足球場及四個籃球場,由康樂及文化事務署管理。

1933年,香港遊樂場協會成立,時任輔政司的修頓爵士(Sir Wilfrid Thomas Southorn)夫婦關注到香港遊樂場地不足,且漸成社會日益關注的議題,在他們的爭取下,港府於1934年撥出灣仔一幅土地作球場之用,並以修頓命名。

從前,修頓球場早上亦是苦力工人等候工作的地點,至傍晚時分,則成為「大笪地」式的「平民夜總會」,售賣食物及作歌舞表演,為當時居民晚上主要娛樂場所。

1982年,港鐵港島綫興建,需佔用修頓球場、家計會及隔鄰貝夫人健康院等政府建築物作為工地,以興建灣仔站。港島綫通車後,政府重新修建修頓球場,使其成為符合現代標準的運動場地。

修頓球場

修頓球場現時仍為灣仔區主要康樂場地，設有遮蓋看台及燈光設施，可舉行足球或籃球比賽。隔鄰則興建修頓中心，即家計會現址，內設政府辦事處、室內運動場及修頓花園住宅等，中心的商場則被改裝成灣仔電腦城。

麥花臣場館

麥花臣場館（MacPherson Stadium），舊名伊利沙伯女皇二世青年遊樂場館，簡稱伊利沙伯青年館、伊館、九龍伊館或舊伊館，位於香港九龍旺角染布房街。場館四面環街（奶路臣街、山東街、染布房街及洗衣街），毗連麥花臣遊樂場（MacPherson Playground），為九龍第一座室內體育場館，由香港遊樂場協會管理，是九龍歷史悠久的室內體育場館。

該場館由香港建築師學會首任會長徐敬直設計，於 1952 年由英國根德公爵（Duke Of Kent）太夫人主持奠基，以英皇伊莉莎白二世（Queen Elizabeth II）部分嫁妝來興建，並於 1953 年落成，由港督葛量洪主持揭幕。2008 年該場館被拆卸重建，並於 2013 年重新開放。

場館建築為圓拱型，由四組主跨結構承托起板塊屋頂，覆蓋下方的室內場館，內設一個七人小型足球場及兩個籃球場，可用作排球、籃球或網球比賽。內裏有一看台，九龍小型足球總會會址即在球場看台下。相連服務主樓附設圖書館、街坊福利會及兒童廉價飯堂、兒童活動室、小賣部、售票處、辦公室、員工宿

舍等。

該場館為香港甲一組籃球主要比賽場地，並提供予各機構及團體舉辦多元化活動，如球類公開比賽或練習、宗教活動、學校活動、動植物及文化藝術展覽、歌迷會活動等，亦為市民提供羽毛球散場租用服務。禮堂可租用作興趣班、各類型訓練課程及會議之用。

旺角大球場

旺角大球場（Mong Kok Stadium），位於九龍旺角花墟道，前身為陸軍球場（Army Sports Ground）。1961 年改由香港市政局管理，初名市政球場，1973 年啟用時定名旺角大球場。現由康樂及文化事務署管理。

旺角大球場對香港足球發展極為重要，球場主要為香港足球總會提供場地舉行賽事，亦為香港足球代表隊訓練場地之一。縱然香港大球場為香港足球代表隊的首要主場，不過一些較小型的足球賽事，也多在旺角大球場舉行。

旺角大球場亦為欖球賽事重要舉辦場所，亞洲五國男子欖球賽及超級欖球聯賽分別於 2012 年及 2018 年首度在此舉行。

由於旺角大球場位於繁華鬧市，而且交通便利，因此該地亦為一些大型活動的主要舉辦場地。香港交通安全隊、香港基督少年軍及香港女童軍總會的週年大會操均在該處舉行。

香港兒童遊樂場發展

1920 年代，香港經濟蕭條，社會福利尚未完善，許多無人看管的孩童在街上遊蕩嬉戲，容易淪為童黨，造成社會問題。其時，社會只有供成年人使用的體育設施，而無兒童嬉戲場地，政府遂於 1929 年成立遊樂場地委員會，開始在市區內興建兒童遊樂場，讓兒童消磨時間及精力。1931 年籌建上環卜公花園運動場及灣仔運動場。

當時的遊樂場地均以體育運動為主，亦多舉辦兒童運動比賽，推動者主要為有國際背景的扶輪社及香港青年會。1933 年，香港遊樂場協會成立，正式將政府批出的兒童遊樂場地，撥歸團體接收及管理，直至戰前。

1951 年，香港政府頒佈第三十一號《兒童遊樂場會條例》（Children's Playground Association Ordinance, 1951），規定兒童遊樂場協會為立案法團，「因本港現尚無適當兒童娛樂場所設備，故其目的特注重此點加以設立，並普遍改進其福利」。其中修頓球場除提供體育設施外，晚上更成為「平民夜總會」。旺角麥花臣遊樂場被稱為九龍街童最大的樂園，提供兒童遊樂設施如鞦韆、兒童嬉水池等。

　　1950 年代起，香港政府興建大量公共房屋，以應付急速膨脹的人口，屋邨成為除公園外興建兒童遊樂場的主要地方。根據

兒童遊樂場

《香港規劃標準與準則》，遊樂場屬兒童休憩用地，需設有鞦韆、翹翹板、滑梯、氹氹轉、攀爬架等基本兒童遊樂設施。

如今，不少公園、公共屋邨及屋苑，皆設有兒童遊樂場地。此外，不少歐美藝術家及設計師創作了可兼作遊樂設施的雕塑。他們認為抽象而無預設玩法的遊戲雕塑，比傳統遊樂設施更能激發創意。設計師在各種限制下，盡力創造經濟實惠又趣味十足的遊樂場。

兒童遊樂場基本設施

鞦韆

鞦韆亦作秋千，閩南及廣東話稱韆鞦。是指將兩條繩索繫於一打橫伸展的高架上，末端繫一塊木板、輪胎等，供遊戲者坐上，以一人或多人在遊戲者背後推動，讓遊戲者身體隨鞦韆上下起落的遊戲。多人玩時，會相互比較其擺動的幅度。

盪鞦韆可以使人心曠神怡，鍛煉身體及意志，培養勇敢精神，為兒童專項活動，常見於幼兒園、小學操場，或公園、遊樂園中。

遠古時期，先人依靠藤條的搖蕩擺動，上樹或跨越溝澗，成為鞦韆最原始的雛形。

中國早於春秋時期，在北方已有了盪鞦韆遊戲。據《藝文類聚》引述古籍記載，鞦韆本為北方山戎習俗，在寒食節這一天，

按例舉行盪鞦韆競賽。齊桓公打敗山戎後，這項遊戲隨之傳入中原。因鞦韆的繩索多以獸皮製成，故「鞦韆」二字以「革」字為旁。盪鞦韆在漢代為清明節及端午節進行的民間體育活動。後宮中為漢武帝祝千秋之壽，亦有盪鞦韆這項遊戲。五代王仁裕在《開元天寶遺事》中載：「天寶宮中，至寒食節，競豎鞦韆，令宮嬪輩戲笑以為宴樂。帝呼為半仙之戲，都中市民因而呼之。」到宋代時，鞦韆開始成為專業雜技。

西方鞦韆最早出現於希臘發現的文物。歐洲聖索菲亞大教堂（Hagia Sophia）上的盪鞦韆婦女雕塑，其歷史可追溯到公元前 1450-1300 年間。1700 年代，法國藝術家於其作品上，描繪貴族婦女悠閒盪鞦韆的情景。英國查爾斯維克斯特（Charles Wicksteed）被譽為現代鞦韆的發明者，其鞦韆於 2013 年在英國維克斯特公園（Wicksteed Park）附近出土，可追溯到 1920 年代初。

二十世紀二十年代初期，公共兒童運動場所皆安裝有鞦韆，供鄰里兒童遊玩使用。二十世紀中葉，郊區遊樂場開始流行安裝鞦韆，1970 年代，公眾對兒童安全產生關注，遊樂場內鞦韆的設計開始變化，兒童的坐板改以較小的木頭、塑膠或樹脂代替，更適合兒童使用。

鞦韆分初、高兩級：初級的鞦韆，其繩索末端繫一塑膠或樹脂坐椅，供三歲以下的嬰幼兒在成年人陪同下玩耍，它讓孩子適應前後快速搖盪的感覺，及前後方向距離感，由此發展最基本

的身軀平衡感應能力。

　　待孩子平衡力較成熟時，家長就應鼓勵他嘗試玩高級的韆
鞦。高級韆鞦的繩索末端繫一塊皮面、木板或車軚，一般孩子約
到四歲時，家長可教導他自行坐着搖，學習協調腰身雙腳，大約
到了六歲，則可學習站着搖。家長應先慢慢地搖，然後待孩子適
應後，再加快速度，刺激其前庭平衡的發展。此外，家長亦可引
導孩子以俯臥姿勢來玩高級韆鞦，增加反應及協調的難度。

鞦韆

蹺蹺板

蹺蹺板又作翹翹板，又稱搖搖板，是指以某些東西作為支點，上方支撐着長而狹窄的木板或膠板，讓一方上升時，另一方下降的遊戲。玩耍時，木板兩邊各坐一人，然後輪流以腳踏地，使自身那邊上升。有些蹺蹺板會有扶手，讓玩者抓牢，以免跌落受傷。玩蹺蹺板時，最好二人重量相約，不然重的一邊下降力過大，輕的一邊會被彈起，因而受傷。為此，有些遊樂場，會將蹺蹺板安裝在柔軟的膠質地面上。

蹺蹺板除供兒童玩樂外，亦作為馬戲班內特技表演的工具。日常生活中，因蹺蹺板用了槓桿原理，故可作為機械工具使用。

滑梯

滑梯，廣東話稱為瀡（音 Sir）滑梯，是兒童遊樂場常見的設施，也常見於一些游泳池，游泳池的滑梯稱為滑水道。它也是一些飛行交通工具的逃生設備，稱為逃生滑梯。

有傳第一條供遊玩的滑梯，於 1922 年由英國

滑梯

查爾斯維克斯特以木板製成，安裝在英國維克斯特公園內。

滑梯由攀登、平台及下滑三段所組成。一般採用金屬或塑膠製作，最重要是確保滑板的表面光滑。兒童由爬梯攀登上平台，然後雙腳放平直伸，沿滑板下滑。直式滑梯下滑的速度會較密封（隧道）型為快。除此之外，尚有旋轉型、隧道型、波浪型等，適合不同類型的小朋友。

玩滑梯時，除了坐着玩，家長亦可多引導孩子俯身向前或向後滑下，因為俯臥滑行是一頗強的前庭刺激，對孩子頭、頸、腰、眼肌的穩定及運用，皆甚有幫助。而仰臥滑下亦能促進空間及平衡反應。此外，家長也可多鼓勵孩子爬上爬下滑梯，以促進孩子四肢及手眼的協調。惟滑梯有一定高度，必須注意意外跌傷的危險。

氹氹轉

氹氹轉亦稱杏杏轉，是在一個旋轉平台上裝有座位，供兒童乘坐，通常不會移動，平台一般由人力推動旋轉。

氹氹轉是一個能讓孩子感受三百六十度全方位空間的設備，同時亦能刺激孩子的前庭平衡反應，特別能促進身軀穩定及視覺專注的發展。推動氹氹旋轉則是全身協調的運動。

有些遊樂場的氹氹轉為機動遊戲，其座位會裝飾成木馬、汽車、飛機或其他卡通動物形象，並且會上下移動，稱旋轉木馬或迴轉木馬。最早有紀錄的旋轉木馬，在拜占庭帝國時已經出現。

冰冰轉

第一個以蒸汽推動的旋轉木馬，約於 1860 年在歐洲出現。現在仍可在各大小遊樂場及主題樂園等地方，見到各式旋轉木馬。

攀爬架

攀爬架主要是為孩子提供學習平衡、協調四肢及培養立體空間感的機會，同時亦為孩子提供雙手力量及手眼協調的操練，為寫字學習作好預備。

家長可先鼓勵孩子爬上爬下，學習基本手腳運用，亦可透過爬入爬出，感受空間距離，其後再引導他爬左爬右，提升平衡協調的要求，亦可加入追逐遊戲，提升全面感覺統合的反應速度。

兒童傳統遊戲

滾鐵環

滾鐵環亦稱滾鐵圈，在古代亞洲、歐洲及非洲的歷史中皆有記載。兒童需手持一有鉤的鐵棒或鐵線，用以控制鐵環，推動其向前滾動。這種遊戲方式需要較好的平衡感及力量。

鐵環可由鐵皮或銅線彎曲而成，或為廢棄木桶的鐵箍，亦有以藤條、竹子編製。長棒可為一尖端拗彎成鉤子的鐵絲，或以一根一米多長的小棍或竹鞭充當，頂端嵌一個 U 形鐵鉤子。如於鐵環上套上兩三個小環，則滾動時將更為響亮。玩得好的人，不僅可以用鐵鉤控制鐵環方向，還能玩出很多不同的花樣，例如讓鐵環飛起來再接住等。

隨着生活的進步，可供選擇的娛樂及健身項目越來越多，滾鐵環漸漸變成一種回憶。

踩高蹺

踩高蹺又稱踏高蹺，起源有謂與原始氏族的圖騰崇拜或沿海漁民的捕魚生活有關，是世界各地民間盛行的一種群眾性技藝表演。傳統民間在節慶時，常有人踩高蹺，配以雜技、戲曲、舞蹈。

踩高蹺屬我國古代百戲之一，早在公元前五百多年春秋時已流行。《列子·說符》載：「宋有蘭子者，以技干宋元，宋元召而使見其技。以雙枝長倍其身，屬其脛，並趨並馳，弄七劍迭而躍之，五劍常在空中，元君大驚，立賜金帛。」清徐珂《清稗類鈔·戲劇類》載：「高蹺，雙木續足之戲也。此戲之起頗古，……後或謂之長趫，或謂之長蹻，或謂之高撬，或謂之踏蹺，今稱高蹺，蓋以足繫木竿上，跳舞作八仙狀也。」清讓廉《京都風俗志》載：「秧歌，以數人扮陀頭、漁翁、樵夫、漁婆、公子等相，配以腰鼓手鑼，足皆登豎木，謂之高腳秧歌。」

中國兒童傳統的踩高蹺，在鞋底加上硬長木枝，將木塊和繩子連接，兒童拉直繩子，腳踏木塊，控制自己前進。有於鞋底加上鐵罐者，稱鐵罐高蹺；於鞋底加上彈簧者，稱彈簧高蹺。兒童踩高蹺，能提升自己的高度，在表演時易於吸引別人注意。

如今，踩高蹺已成為世界各地民間體育活動，亦常出現於馬戲團及民間節慶活動，有些表演者會故意穿上長褲掩蓋高蹺，予人腳長的印象。

彈玻子

彈玻子亦稱彈珠，歷史悠久，其初可能只為小孩撿起地上的小石頭，隨意彈射，及後有目的性彈向某一目標，最終發展為一種遊戲。彈珠姿勢是使食指與中指彎曲，中指朝內，食指朝外，接着用食指、中指第一節指彎與拇指中間的指節骨夾住彈珠，然後用拇指中間的指節骨用力向外彈，彈珠就會發射。

經常玩法為以玻璃小彈珠（玻子）為玩具，先在地上畫兩條平行線，相距約十米，分作起點線及終點線，參加者先將各自的彈珠從起點線向終點線彈出，若超過終點線便為失誤。誰的珠子最遠，誰先彈，可瞄準其他人的珠子，擊中，則珠子歸彈者所有，並可再擊至失準為止，接着換下一位彈，直至全部擊中。

另一玩法是在終點線前畫一個圈，參加者各於圈內放珠子一枚或數枚，然後將各自的彈珠從起點線向終點線彈出，誰的彈珠最遠，誰先彈，若超過終點線便為失誤。先彈者可瞄準圈內珠子，擊出的歸彈者所有，並可再擊，至失準才換下一位彈；若停在圈內，算死。至圈內珠子全被擊出，遊戲便重新開始。

十九世紀五六十年代的兒童，多喜玩此遊戲。其後且發展為彈荷蘭水蓋（汽水樽蓋），至七十年代，社會經濟日漸發達，人多以此爬在地上玩耍的遊戲為不潔，遂有禁兒童玩此遊戲者，今已漸成回憶。

踢毽子

踢毽子又稱「打雞」，其歷史久遠，相傳是從黃帝時的踢蹴踘遊戲演變而來。距今三千多年前的商朝，人們就有一種邊跳邊踢的舞蹈，這可能就是踢毽子的雛形。漢代已盛行此種遊戲，1913 年，山東濟寧喻北屯城南張村一個東漢墓中出土了二十三塊石畫，上即繪有八人在表演踢毽子。

歷代踢毽子遊戲均甚為盛行，《高僧傳》中載：「十二歲小沙彌慧光，在洛陽天街天井欄邊踢毽子，連踢五百多下，引得眾人圍觀讚賞」。宋高承《事物紀原》載：「小兒以鉛錫為結，裝以雞羽，呼為箭子（按：即毽子），三五成群走踢，有裏外簾、拖槍、聳膝、突肚、剪刀、拐子、佛頂珠等不同招式玩法，亦蹴踘之遺意也。」明朝踢毽子為秋冬季節熱門運動，明劉侗、于奕正《帝京景物略》載：「楊柳兒活，抽陀螺。楊柳兒青，放空鐘。楊柳兒死，踢毽子。」清代踢毽子活動流行更廣，且遊戲者技術高超。翟灝《通俗篇・足毽》載有「花毽」的玩法：「今京市民，為此最工，項、額、口、鼻、眉、腹、膺（按：即胸）部等皆可代足，一人能兼應數敵，自弄則可終日繞身不墮。」

毽子亦稱燕子，也稱箭子，古稱拋足戲具，為一種以羽毛或紙、布等插在圓形底座上做成的遊戲器具。傳統手工製毽子之方法，是先以一塊布片，裹住一枚銅錢，將布頭從銅錢中間的孔中翻上來，再拿雞毛或紙條、布條、鵝毛、鴕鳥毛穿在錢孔中，然後用線紮好，也可用裁成圓形的舊報紙穿孔疊起代替銅錢。

現代市場出售的毽子為工業產品，以四組相同長度的羽毛在上，底座則以膠或橡膠製成，重量約為十五至二十五克之間，長度則為十五至二十一公分。一般花毽愛好者喜用自己手工製作的特色毽子，因為自製者美觀實用，得心應手，較適合自己的踢法。

　　踢毽子的基本動作有多種，即：盤，用腳內側向內抬起向上或向前踢毽子；繃，用腳面向前抬起踢毽子；拐，一腿向身體外側彎曲抬起，用腳外側向前踢毽子；磕，用膝蓋或大腿正面向上或向前踢毽子；抹，一腿從支撐腿後面繞過，用腳內側或腳底踢毽子；被（音「杯」），一腿向身後擺動彎曲，用腳底向身前踢毽子；勾，背對毽子即將飛行的方向，向上抬腿用腳面向身後踢毽子，此動作是毽球比賽僅有的兩種進攻動作之一；踹（也叫「踏」或「踩」），一腿向上彎曲抬起，用腳底向前踢毽子，謂之「正面踹毽」，身體向一側轉體九十度，以該側腿作支撐，另一腿向轉體後的前方抬起，用腳外側向右方也即轉體前的正前方踢毽子，謂之「側踹」，身體向後轉體一百八十度，以該側腿作支撐，用另一條腿的腳底向後也即轉體前的正前方踢毽子，謂之「背（音倍）踹」。在毽球比賽中有一種將腿向上伸直，然後用腳底向前踢毽子的動作，謂之「高腿踏毽」（或「踩毽」），是模仿藤球的動作。其他還有以左右腳完成對稱的踢毽動作，以及躍起的各種踢毽動作。

打陀螺

陀螺的起源甚早，中國江蘇常州的新石器馬家窰文化遺址中出土木陀螺，山西龍山文化遺址中出土陶陀螺，山西夏縣西陰村仰紹文化遺址中亦曾出土陶小陀螺。

在宋朝，最受身處深宮後院的嬪妃宮女青睞的遊戲是「千千」，或稱「千千車」，為一直徑約四吋圓盤形物體，中心軸插一長約一吋的長鐵針，用手捻在盤中旋轉，比賽誰轉得久。至於陀螺是否由「千千」演變而來，則不可考。但明朝時，陀螺已成為兒童的玩具，劉侗、于奕正《帝京景物略》中亦有「抽陀螺」的記載。

打陀螺遊戲至二十世紀四十年代仍甚為盛行，陀螺有陶製、木製、竹製、石製多種，以木製居多。木製陀螺為圓錐形，實心無柄，上大下尖，尖端常加鐵釘或鋼珠。旋轉功能依靠陀螺儀原理。玩時，將尖頭着地，以繩繞陀螺身，放開鞭繩，一拋一抽，陀螺便在地上旋轉；或用手直接旋轉陀螺，待陀螺着地，以繩抽打，當它緩慢下來時，再用繩子鞭它，給它加速，便可轉個不停。抽打得越狠，旋得越快。大多時候，陀螺會先不穩定地搖晃着、在地面上旋轉，直到陀螺尖將陀螺撐起直立。經過直立旋轉一段時間後，陀螺終於在最後激烈翻跳後，倒落於地上。

另有鳴聲陀螺、菱形陀螺及香菇陀螺。鳴聲陀螺為以竹木製成的中空圓筒，中間貫以旋軸，圓筒身體開有狹長裂口，轉動時，因氣流作用使之發聲。菱形陀螺為兩頭小，中間大，以繩繞

螺身，使之着地旋轉，順勢抽繩，便可旋轉不止。香菇陀螺為木製，呈香菇形，用手指轉動，倒立圓圓的香菇頭，就像變魔術一樣，神奇地慢慢站立起來。

拍公仔紙

公仔紙為一種舊日兒童玩樂用的紙牌，名目繁多，有稱為「洋畫」、「洋片」、「遊戲牌」等，香港及澳門一般稱為「公仔紙」。公仔紙的形狀及大小都不一定，紙牌色彩豐富，圖案美觀、稀有，通常特別受到男童的喜愛。

二十世紀初，隨着西方捲煙流入中國民間，煙草市場競爭激烈，中外廠商紛紛於煙草盒上印製公仔畫片附贈，因圖畫精美、內容豐富而獲得社會各階層人士特別是青少年的喜愛。此後，坊間商人亦印製不少小畫片，上繪洋人、洋船、洋槍洋炮，及中國傳統小說中的人物，因有「公仔紙」之稱。兒童最喜歡公仔紙，不僅積極收集，而且會拿出多餘的公仔紙來玩遊戲。

玩這種紙牌的方法稱為「拍公仔紙」，這類玩法流行於1950-1970 年代的香港，到 1990 年代，兒童改為以閃卡進行這種遊戲。

兒童利用公仔紙玩耍的遊戲，包括：

遊戲	玩法
搧牌	參與遊戲者每人各出同意數量的公仔紙，將之正面朝下疊成厚厚一疊，放在地上，然後輪流向其搧動手掌，產生的風若能將公仔紙搧翻過來，正面朝上，便算勝出，該等公仔紙便歸其所有，直到搧完為止。
擊牌	參與遊戲的兩人各拿一張公仔紙，平放掌上，然後同時互相拍擊，繼而分開手掌，兩人的公仔紙分別跌下，畫片向上者勝，畫片向下者敗，公仔紙歸勝方所有。 另一玩法：參與遊戲者每人各出同意數量的公仔紙，將其正面朝下疊成厚厚一疊，放在地上，然後輪流用一張公仔紙，往這一疊公仔紙的腰部打，散落出來的單張公仔紙歸打者所有，直到打完為止。
辯論	參與遊戲者每人各出「人物」公仔紙一張，比較其官職或武藝。各人先後講述畫片上人物的歷史及功績，最終靠辯論分勝負。

跳飛機

跳飛機又稱跳房子，也稱跳方格、跳格子。於 1950-1990 年代相當普遍，大多數孩子都熟悉這遊戲，尤其深受女孩歡迎。兒童遊樂場、公園及小學操場都會有跳飛機的位置。

世界各地跳飛機的玩法各有差異，所畫格子的形狀也不盡相同，有時在一塊空地上，只要有一根粉筆或樹枝，小朋友亦會在地上畫起跳飛機的九個格圖，然後一起玩耍。地上的圖形通常為雙翼式飛機的形狀，遊戲因而得名，有些圖形為房子的形狀，或

跳飛機

只畫上長方形格子形狀。圖形分為若干格子（通常有九格），每格有一個數字。參加遊戲者需按數字順序跳過所有格子。

香港的跳飛機遊戲通常由第一格開始：

玩法：玩家先將一物品拋在第一方格內，然後拾起。將之拋進第二格後單腳跳入第一格，將第二格內物品拾起，然後順序將物品拋進前一格，再順序單腳跳入，並順序將其拾起。跳進每格內時，不可壓線，不可出界，否則便算犯規。

第五格及第七、八格是一對並排的機翼。玩家在拾取被拋入第六格或第九格的物品時，可雙腳分站在兩格之內。第九格為機頭，玩家將物品拋進第九格時，在踏進第七、八格之後，要跳起，轉身背向第九格機頭，然後把手伸往身後，摸索機頭格內的物品。拿到後，再單腳跳回第一格。到達終點，把物品放在腳背上，輕輕地走出方格，便可以佔「房」。

佔房的方式，是站在第一方格前，背向其他格子，用手拋物品，物品所在的格子，即被佔有。佔房之目的，是為了自己在跳第二輪時，當跳到自己之房子，便可以雙腿落地，以作休息。失去平衡，算輸，到下一位玩家；輸了，再到下一位；回到第一位時，由上次失手的地方再開始。

當第一人跳完時，第二人便可以開始跳，依次輪流進行。當一輪遊戲結束，先完成全套動作者為勝，負者要接受勝者處罰。然後再進行下一輪遊戲。

投藤圈

投藤圈為眾人輪流將藤圈投拋至一木桿上的遊戲，源於古中國自春秋時代到清末時所流行的投壺遊戲。我國古代舉行酒宴時，經常玩投壺遊戲，投壺者站在離壺一定距離的地方，把箭投向壺中，以中壺口的箭數多少來決定勝負，贏者得籌，負者飲酒。

此種遊戲於先秦時期，主要是出於一種禮樂上的需要，因此玩時有一套繁瑣禮節。《禮記》載：「投壺之禮，主人奉矢，司射奉中，使人執壺。主人請曰，某有枉矢哨壺，請以樂賓。」箭的長度也有嚴格規定，一般室內投壺用兩尺箭，堂上投壺用兩尺八寸箭，庭中投壺用三尺六寸箭。到了後來，投壺的禮儀開始趨於簡化，但具體的玩法卻更加多樣化。《顏氏家訓·雜藝》載：「汝南周璝，弘正之子、會稽賀徽，賀革之子，並能一箭四十餘驍。賀又嘗為小障置壺其外，隔障投之，無所失也。」投壺者能夠隔著障礙物投中目標，可見投壺技巧已經到了爐火純青的程度。

投藤圈的玩法，為眾人輪流將藤圈投拋至一木桿上，遊戲結束時，計算串在木桿上的藤圈數目，多者為勝。如今，該遊戲於學校內仍有進行，有些家長於家中亦有提供予兒童玩耍。

扔沙包

扔沙包是 1980-1990 年代風靡一時的兒童遊戲，進入二十世紀後，隨着經濟發展及娛樂方式增多，扔沙包雖已淡出孩子們的視線，但在某些地區的小學中仍是常見活動，目的是希望兒童可

以在遊戲中練習移動、躲閃、急停及跳躍。

　　沙包為以碎布縫製的袋子，長五至十厘米，內用豆類或大米填滿。參加扔沙包遊戲者分為兩組，一組扔沙包，另一組躲沙包。扔沙包者分站場地兩端，躲沙包者站在中間。扔沙包者輪流將沙包砸向中間躲沙包者，如被砸中則退出場外。如果躲沙包者接住沙包，則可讓該組一位退出者再入場。如此進行下去，直到躲沙包者全部退出場外。然後，兩組人互換，遊戲重新開始。

抓子

　　抓子亦稱抓豆袋或五石遊戲，為拋接抓子的遊戲，是風行世界各地、歷史悠久的遊戲。烏克蘭境內基輔地區史前人類居住的洞穴中，曾發現用作抓子遊戲的物件。古希臘陶罐上，有抓子遊戲的圖案。日本及中國的婦女與兒童，亦喜玩抓子遊戲。所謂「子」，一般為裝有碎石、米粒、李核、杏核、沙礫或豆粒的布袋仔。

　　抓子遊戲的動作為擲、拾、承。玩法是將一些抓子散落在地上，用手拾起其中一個抓子，向上拋，趁向上拋的抓子未跌下時，拾起另一個抓子，並接住跌下的抓子，然後不停重複。拋上天的抓子每次都是一個，但拾起的抓子數量就不斷加一個，能同時拾得最多者勝。

　　另一玩法是將一些抓子散落在地上，用手拾起其中一個抓子，向上拋，趁向上拋的一個抓子未跌下時，拾起另一個抓子，

並接住跌下之抓子，然後不停重複。向上拋的抓子數量每次加一個，但從地上拾起的抓子就每次拾一個，能同時接到最多抓子者勝。亦可一手將至少五個抓子拋入空中，再用手心或手背承接住，接住者得分，跌下者失分。

拾竹籤

玩法為將整束竹籤握在手裏，使之垂直「站」在地上，繼而放手，使之散落。每人輪流拾起竹籤，同一時間只可拾起一支，但拾起時不可碰到其他竹籤。如果能拾起竹籤而不碰到其他竹籤，則可以再拾另一支。直到該參賽者在拾竹籤時碰到其他竹籤為止。這樣，拾竹籤的權利就傳給另一個參賽者。直至地上的竹籤全數被拾完，遊戲便告結束，獲最多竹籤者勝。若竹籤上有顏色，可以獲得指定顏色的竹籤最多者為勝。

跳繩

跳繩是一種運動，玩法是一個或多個人同時跳繩，讓繩子在其腳下及頭頂經過。有單人或兩人轉動繩子並跳繩，或三人以上一起跳繩，其中兩人轉動繩子，其他人在中間跳繩。亦有同時跳兩條正在轉動的繩子。參與者會一直不停地跳，直到疲累或出錯為止。也有人會一邊跳繩，一邊做出不同的花式。

跳繩時，呼吸要有節奏，兩手分別握着繩的兩端，以一腳踩住繩子中間，兩臂屈肘，將小臂抬平，繩子拉直至適當長度。

搖繩向前時，大臂靠近身體兩側，肘稍外展，上臂近似水平，手腕發力作外展內旋運動，兩手在體側做畫圓動作，每甩一次，繩子從地面經身後向上向下迴旋一周，繩子轉動的速度與手甩動繩子的速度成正比，甩動越快，繩子迴旋越快。停繩向前甩時，一腳伸出，前腳掌離地，腳跟着地使繩停在腳掌下；向後甩時，則一腳後出，腳跟離地，腳掌着地使繩停在腳底。切不可用全腳或腳跟落地，以免腦部受到震蕩。當躍起在空中時，姿勢要自然彎曲。

跳橡筋繩

跳橡筋繩亦稱跳橡皮筋，為兒童經典遊戲。1960-1990 年代間極為流行，尤其深得女孩喜愛，但進入二十一世紀後，隨着經濟發展及娛樂方式增多，這種遊戲逐漸淡出孩子們的視線。橡筋繩是以多條橡皮筋串成的有彈性的長繩，跳橡筋繩因以跳躍為主，期間穿插挑、跨、碰、踢、絆、繞、盤、踩、頂、轉等基本動作，以及由基本動作衍生的花式動作，可訓練小孩的肌肉發展。

玩法由兩人拉着約三四米長的橡筋繩，首先將橡筋繩壓在腳底，然後升高至足踝、小腿中央、膝蓋、胯下、腰間等高度，跳躍者必須用不同的方法，如跳高欄一樣，跳過而不能碰到橡筋繩，跳錯步伐者則出局。橡筋繩的高度隨着玩家的完成高度逐漸向上提升。繼後升高至腋肢窩、肩膀、耳頂和頭頂等位置。過了

頭頂的高度後，還有最後兩個階段，分別為頭頂的高度再加上單掌手指散開時，拇指與尾指間的距離，以及將手向上伸直至最高時的位置。跳最高的高度時，可邊跑邊按下繩跳過去。全部高度皆跳過者獲勝。

捉迷藏

捉迷藏亦稱捉伊人或伏匿匿，為尋找躲藏者的遊戲，是小孩之間非常流行的尋人遊戲。最好的進行地點，是有許多遮蔽躲藏點的地方。

尋人玩法：開始時候，所有人聚集在一個中心點，其中一個人會當捉人者。當其他人在找尋躲藏點時，捉人者不能偷看其他人躲藏的過程。通常捉人者會被蒙着雙眼，或背對其他參加者，然後倒數，時間由玩家決定，大概由十秒至一分鐘左右。倒數結束後，捉人者會告知其他參加者「我來了」，遊戲便開始。在捉人者找尋的過程中，參加者可乘他不注意時轉換位置，躲得最久者，便算是贏家。

觸摸玩法：在空地上劃定一圈，尋人者會被蒙着雙眼，然後在圈內找尋並觸摸其他玩家，捉到一人便與之交換身份，遊戲輪番進行。

猜呈尋

猜呈尋亦稱猜包剪揼，是三方互剋的零和遊戲。玩法可

兩人或多人同時參與。招式有三種：包、剪、揼。玩者高叫「一二三」或「包剪揼」，或唸「程尋磨較叉燒包」，叫到最後一個字時，便一齊出招，攤開手掌代表「包」，同時伸出食指、中指代表「剪」，握拳代表「揼」。揼贏剪、剪贏包、包贏揼，相同就算打和，如果打和就再猜，直到分出勝負。若一方在對手出招之後再變招，則為出茅招，稱「出彈弓手」，當作弊論。

點指兵兵

點指兵兵是香港兒童「兵捉賊」遊戲，多用來分組。參與者同時伸出姆指，一隻疊一隻，然後由最上一隻開始向下數，同時高叫「點指兵兵點着誰人做大兵」，每叫一字數一姆指，數到做「兵」的姆指時，該參與者就做「兵」，其姆指於排列中移去。再由最下面的姆指向上數，同時高叫「點指賊賊點着誰人做大賊」，數到做「賊」的姆指時，該參與者就做「賊」，其姆指於排列中移去。如此輪番進行。最後剩下的兩姆指，就會為上兵、下賊。分組後，「賊」先走，「兵」數十聲後，便開始捉「賊」。全部「賊」被捉到後，遊戲完畢。

何孖

何孖又稱何媽，為香港兒童遊戲，多用來分組。「何」即手掌向天；「孖」即手掌向地。玩時，所有參與者皆分別做「何」或「孖」其中一動作，做同一動作者，成為同一組。

公園發展

CHAPTER 05

兵頭花園

香港動植物公園（Hong Kong Zoological And Botanical Gardens），俗稱「兵頭花園」，是香港最早建立的公園，位於太平山北面山坡，最高處有海拔一百米，而最低處則為海拔六十二米。整個公園被花園道、羅便臣道、己連拿利及上亞厘畢道環繞。公園正門設在雅賓利道。

雅賓利道將公園分為東西兩個獨立部分，依靠行人隧道連接，公園東面部分是「舊公園」，亦稱植物公園，設有兒童遊樂場、鳥舍、溫室、噴水池及平台花園；西面部分是「新公園」，亦稱動物公園，主要是哺乳類及飛禽類動物的居所。

香港植物公園

早在 1848 年時，時任港府翻譯官郭士立（Karl Friedrich

August Gutzlaff）於皇家亞洲學會（Royal Asiatic Society）的集會上，提出興建香港植物公園的構想，並獲得支持，惟最終因政府財政緊絀，而被時任港督般咸（Sir Samuel George Bonham）押後。建築工程最終於 1860 年展開，並於 1864 年於港督羅便臣（Hercules George Robert Robinson）主持開幕後局部開放給市民使用。1871 年，公園全面落成。

公園早期以植物為主，故名為植物公園（Botanical Garden），查理斯福特（Charles Ford）獲委任為公園首位園林監督。因園址在 1841-1842 年曾用作總督官邸，當時總督是三軍司令，俗稱「兵頭」，故人多稱其為「兵頭花園」。

當時公園建於山坡上，佈局分上中下三層。中層有大噴水池作水景，公園每次重建時，均於原地再建此水景。於十九世紀時，有不少西人兒童、僕婢於公園遊玩，黃昏時更有西樂演奏。

1872 年，福特建議在植物公園內設立植物標本室，對從中國採集到的未知植物物種作研究。1876 年，中層開始飼養雀鳥及哺乳類動物。1878 年，標本室在公園內建立，並建有果園供遊人觀賞。

1883 年，港督堅尼地（Sir Arthur Edward Kennedy）卸任後，公園於上層豎立其銅立像，以紀念其促成公園全面開放及對香港的貢獻。公園曾於 1931-1933 年間暫停開放，以便於公園底下興建水庫。

1940 年，因日軍侵港的威脅，植物標本室暫遷往新（星）

加坡植物園。1941年初，香港政府原計劃為香港開埠百週年舉行慶典，並於公園豎立英皇銅像作紀念，但因是年底日軍襲港而押後。日佔時期，公園被易名為「大正公園」，更於1942年後期封閉，以修建香港神社。公園內的堅尼地銅像被運往日本，熔掉作軍備原料。戰後於1958年，才於原置堅尼地銅像的位置，豎立英皇佐治六世的銅像。

英皇佐治六世銅像

香港動植物公園

1970 年代，公園於雅賓利道擴建第二期，並引入不少哺乳動物和飛禽類作展覽。1975 年，公園正式易名為香港動植物公園，開始由單純飼養動物作展覽用途，轉為研究動物的繁殖，更成功繁殖多種瀕危鳥類（如鳳冠孔雀雉）及靈長目動物（如紅毛猩猩）。園內推動各項活動，透過教育、保育、研究計劃及展覽，促進公眾對各種生物的認識及重視，以及引領公眾欣賞各物種與自然共存之道。

公園現時約有一半地方撥作飼養動物之用，設有約四十個籠舍，合共飼養約四百隻雀鳥、五十頭哺乳類動物及二十頭爬行類動物。

香港動植物公園的歷史文物

公園入口的石柱及台階，位於上亞厘畢道，為公園現存歷史最悠久的構築物，建於 1861-1864 年間，現評為一級歷史建築。

歐戰華人國殤紀念碑，位於公園近聖若瑟書院入口處，為香港現存歷史最悠久的華人紀念石牌坊，該牌坊立於 1928 年，由帝國戰爭墓地委員會建立，以紀念九百四十五名在一戰中犧牲的華工。二戰期間，牌坊被炮火損毀。1948 年，港府修復該牌坊，於其上加上二戰開始及結束年份，以紀念二戰華人死難者。牌坊橫額中文上刻 "In Memory Of The Chinese Who Died Loyal To The Allies Cause In The Wars Of 1914-1918 1939-1945"，牌坊兩柱

分別刻有「一九一四年至一九一八年紀念戰時華人為同盟國殉難者」及「一九三九年至一九四五年紀念戰時華人為同盟國殉難者」。兩柱前後各置石獸一對，合共四隻，均為雄性，石獸頭上有角，口中無珠，為牌坊增添特色。該牌坊現評為一級歷史建築。

歐戰華人國殤紀念碑

園內呈八角形設計的前演奏台，初時用作軍樂團演奏的地方，現時作涼亭之用，建於 1866 年。現評為一級歷史建築。

位於花園道入口花崗石製的閘門門柱，建於 1867 年。現評為二級歷史建築。

位於面向上亞厘畢道山坡上以水泥建造的動植物公園食水配水庫隧道口，建於 1931-1933 年間。現評為三級歷史建築。

為配合動植物公園食水配水庫及現時噴水池平台位置而興建的花崗石台階，建於 1931-1933 年間。現評為三級歷史建築。

　　維多利亞公園（Victoria Park），簡稱維園，為香港島面積最大的公園，位於銅鑼灣興發街 1 號，鄰近港鐵天后站，佔地約十九公頃，前身為舊銅鑼灣避風塘。

銅鑼灣避風塘

　　銅鑼灣避風塘（Causeway Bay Typhoon Shelter），位於香港灣仔區銅鑼灣。

　　1883 年，香港政府於銅鑼灣進行填海工程，由現時的銅鑼灣道填至現時的高士威道。高士威道對出的海灣，被修建成避風塘。1950 年，該避風塘被填平，在原址興建維多利亞公園，舊堤變成現時的維園道，避風塘則遷至維園道對出海面。1970 年代，銅鑼灣避風塘內有不少提供飲食及娛樂的船艇。

現時，銅鑼灣避風塘由西面的奇力島起，至東面興發街對開海面止。奇力島為香港海底隧道港島入口所在地，該島為香港遊艇會會址所在，故避風塘內有不少遊艇停泊。避風塘東面為港島東區走廊的起點。興建中環及灣仔繞道及沙中綫過海段時，當局曾在銅鑼灣避風塘內分階段進行臨時填海。

維多利亞公園

維多利亞公園前身為舊銅鑼灣避風塘，為二戰後香港首個大型填海工程，於 1954 年 8 月開始興建，1955 年 5 月局部開放，1957 年 10 月正式落成啟用。

維多利亞女王銅像

該公園設有不同種類的康樂設施，包括游泳場館、網球場、足球場及籃球場等，亦設有健身及緩跑徑、兒童遊樂處、模型船池等。游泳池場館設有餐廳，中央草坪附近設有快餐亭。該處亦為香港舉辦大型節日活動的地方，政治集會經常在此舉行，每年中秋節晚會、年宵市場及花市，以及香港電台《城市論壇》節目皆在園內舉辦。

公園正門有一個維多利亞女王銅像，為紀念英女王於 1897 年登基六十週年而鑄造，該像原放置於中環皇后像廣場，日佔時期曾被運送往日本，準備熔化作為軍事材料，幸熔化前日本已無條件投降，銅像得以逃過一劫。銅像於二戰結束後歸還港府，現被安放於公園正門一個七呎高的基座上。

怡和午炮

怡和午炮（The Jardine Noonday Gun）為香港一傳統習俗，於香港灣仔區銅鑼灣避風塘岸邊、舊日怡和洋行的一座炮台舉行。該習俗源自十九世紀中葉，銅鑼灣東角前怡和總寫字樓及倉庫，例於每天香港時間中午十二時鳴放禮炮，鳴炮前敲鐘八響，表示上午工作時段結束，俗稱「怡和午炮」。每年元旦前夕最後一分鐘時，傳統上亦加放禮炮，稱「子夜鳴炮」，並播放歌曲《友誼萬歲》迎接元旦，以象徵一年終結。

1842 年，怡和洋行從香港政府購得東角岸邊土地，興建渣甸貨倉，並於該處設有貨運碼頭，作為起卸貨物用途。為防海盜

侵擾，怡和洋行於該處設一炮台。每有重要人物抵達或離開香港時，皆會鳴放禮炮以示敬意。

1850 年代某天，怡和洋行總經理羅拔渣甸（Robert Jardine）爵士從英國回港時，公司員工按例向其鳴放代表最高敬意的二十一響禮炮。時駐港英軍對此感到不滿，認為怡和洋行只為商行，無權鳴放禮炮。怡和洋行為表歉意，同意負責每天中午十二時鳴放禮炮報時，以作自我懲罰。當時炮聲遍及維多利亞港的兩岸。

1941 年 12 月，日軍佔領香港，炮台大炮被繳去。1945 年香港重光後，英國海軍向怡和洋行送贈一門可發射六磅重炮彈的大炮，使怡和午炮的傳統能夠得以延續。1947 年 8 月 30 日，香港重光兩週年，怡和午炮恢復正常運作。

1959 年，附近居民投訴午炮炮聲過響，翌年公司改用三磅速射炮，減少火藥，以降低聲浪，原有大炮則置放右旁地上，供人憑弔。

現時，市民及遊客可參觀怡和午炮整個儀式的進行。每日上午十一時五十五分左右，一位穿着制服的炮手，表情肅穆、手拿鐘錶精準計時，隨着炮手填彈、上膛，大砲裝填完畢後，時間也將近十二時，炮手開始搖鈴八響，預告午砲即將發射。十二時，炮手手握引線往後一扯，炮聲隆響，著名的香港怡和午炮就此完成整個儀式。

香港公園（Hong Kong Park），位於香港島金鐘至法院道、紅棉路及堅尼地道中半山一帶山坡，公園有多個入口，連接法院道、紅棉路、花園道山頂纜車總站及堅尼地道。法院道入口鄰近香港高等法院及英國駐港總領事館，有扶手電梯連接太古廣場及港鐵金鐘站。公園前身為域多利軍營（Victoria Barracks）。

域多利軍營

域多利軍營，又稱域多利兵房，為香港昔日駐港英軍的主要軍營，位於香港島金鐘南部，約於紅棉路、堅尼地道及金鐘道交界一帶，鄰接當時的威靈頓軍營（Wellington Barracks）及美利軍營（Murray Barracks）。

該軍營於開埠初期已有駐軍，並於 1843-1874 年間正式建

立，曾建有三十多座軍事建築物，為英軍司令部所在地。日佔時期，軍營為日軍佔用，重光後曾作大規模修復。

香港公園

1979 年，駐港英軍將軍營土地交還港府，除小部分具有歷史意義或建築特色的建築物獲保留外，其餘建築物均被拆卸，大部分原軍營用地成為香港公園，東南面的土地建成金鐘道政府合署及香港高等法院，而商業用地則建成太古廣場、香港港麗酒店及港島香格里拉酒店。公園於 1991 年由香港總督衛奕信爵士主持揭幕儀式。

軍營內的部分建築物得以保留，舊三軍司令官邸被列為法定古蹟，今為茶具文物館（Museum Of Tea Ware）。另有數座建築物被列為一級歷史建築。公園內之歷史建築如下：

舊駐港英軍司令官邸

舊駐港英軍司令官邸又稱旗杆屋（Flagstaff House），位於香港公園內，建於 1846 年，高兩層，為香港現存最古老的英國殖民地時期建築物。日佔期間曾用作日本海軍上將府邸。戰後成為英國駐港三軍司令官邸。1979 年，政府收回該建築，加以修葺，1984 年改作茶具文物館，為香港藝術館的一所分館。1995年，於該建築南面加建兩層高的新翼，名羅桂祥茶藝館。該建築至今仍能保存其原貌。現已被評為法定古蹟。

茶具文物館

卡素樓

　　舊域多利軍營的卡素樓（Cassels Block）位於堅尼地道 7 號 A，建於二十世紀初期，原為已婚軍人宿舍，與蒙高瑪樓及羅拔時樓同時期興建，以解決讓出部分威靈頓軍營予海軍後軍人宿舍不足的問題。1979 年，駐港英軍將域多利軍營交還香港政府，卡素樓則於 1992 年改作香港視覺藝術中心（Hong Kong Visual Arts Centre）。該建築位於一四級斜坡上，以遷就陡斜地勢，在香港十分罕見。樓高三層，磚及麻石結構，斜頂，上蓋中式瓦塊，為愛德華古典復興風格建築。該樓已被評為一級歷史建築。

華福樓

華福樓（Wavell Block）位於香港公園內紅棉徑，建於二十世紀初期，樓高兩層，為愛德華古典復興風格建築。該樓原為已婚英軍軍官宿舍，最初名為 Warrant Officer's Quarters 3 & 4，戰後為紀念二戰期間英國派駐埃及及中東的英軍總司令魏菲爾（Field Marshal Archilold Percival Wavell），而易名為華福樓。1991 年起改為香港公園觀鳥園教育中心，轉作研習鳥類教育用途，內設辦公室、展覽室、演講室、鳥類飼養室及獸醫診所。該建築入口設在中央，分左右兩翼，高兩層，開放式走廊。該樓已被評為一級歷史建築。

羅年信樓

羅年信樓（Rawlinson House）位於香港公園紅棉徑內，建於二十世紀初期，樓高兩層，為愛德華古典復興風格建築。該建築物最初名為 Warrant Officer's Quarters 1 & 2，原為已婚英軍軍官宿舍，二戰後改名為 Rawlinson House，以紀念一戰期間戰績彪炳的英國羅年信將軍（Henry Rawlinson）。簷頂仍存 "Rowlinson House" 字樣，可供研究。該建築原有兩座，1961 年合為一座。1970 年時曾為駐港英軍副司令 Brigadier Crabtree 的官邸。1980 年代起，該樓地下用作紅棉路婚姻登記處（Cotton Tree Drive Marriage Registry），而一樓則闢作香港公園辦事處至今，為熱門結婚地點。該樓已被評為一級歷史建築。

蒙高瑪利樓

蒙高瑪利樓（Montgomery Block）位於堅尼地道 42B，香港公園範圍外，樓高三層，為愛德華古典復興風格建築，建於二十世紀初期。原為已婚英軍宿舍，以二戰期間英國著名軍事指揮官蒙哥瑪利（Field Marshal Bernard Law Montgomery, 1887-1976）命名。1987 年租予「母親的抉擇」，1992 年改作啟勵扶青社（Kely Support Group）。該建築仍能保存舊貌。該樓已被評為一級歷史建築。

羅拔時樓

羅拔時樓（Roberts Block）位於堅尼地道 42A，香港公園範圍外，樓高三層，為愛德華古典復興風格建築，建於二十世紀初期。原為已婚英軍宿舍，1986 年起轉作新生精神康復會賽馬會新生宿舍（New Life Psychiatrie Rehabilitation Association）至今。羅拔時樓最初名為 Married Quarters 'E' Block，二戰後，為紀念蒙哥瑪利麾下指揮官羅拔時准將（Brigadier G.P. Roberts）（後升少將）而改名為羅拔時樓。2018 年 7 月，發展局公佈將由基督教愛協團契有限公司連同亞洲展藝有限公司活化為開心藝展中心，舉辦創意藝術工作坊、遊戲治療活動等，並安排導賞展示羅拔時樓的歷史與建築特色。該樓外牆及欄杆仍保存原貌，並已被評為一級歷史建築。

域多利軍營軍火庫

域多利軍營軍火庫（Victoria Explosive Magazine）位於香港島金鐘正義道、香港公園範圍外，面積約七千八百平方米，建於 1843-1868 年間，用於存放軍火。軍火庫擁有極高軍事歷史價值，為亞洲現存唯一英國殖民時代的完整軍火庫遺址，亦是昔日英軍把炸藥製成炮彈之處。該建築由三座建築物組成，中以土堆分隔，外牆用花崗岩建成，有鐵軌，與前域多利軍營及威靈頓軍營連接。該軍火庫附近有一刻有 1910 字樣的界石，疑為英國皇家海軍電台劃定界線的標誌。中央為 A 庫，建於 1868 年，呈 L 形，單層。B 庫及兩旁隔堆建於 1901-1925 年間，位於南面，單層。GG 座為軍火庫哨站，建於 1930 年，高一層，平頂，戰後曾用作 Command Pay Office of Royal Army Pay Corps。軍火庫被軍部放棄後，曾為建築署及機電工程處的辦事處。當中的上層建築現已被評為一級歷史建築。現時為亞洲協會香港分會總部。

九龍公園

九龍公園（Kowloon Park）位於香港九龍尖沙咀柯士甸道，前身為威菲路軍營（Whitfield Barracks），俗稱摩囉兵房。軍營土地於 1968 年移交市政局發展為文娛康樂用途，並於 1970 年開闢為公園。

威菲路軍營

1860 年英國佔領九龍半島之前，已有英軍在尖沙咀一帶設立營帳，駐紮部隊。軍方於 1892 年正式興建威菲路軍營，其得名為紀念 1869-1874 年間曾任中國地區、香港及海峽殖民地英軍總司令的英軍中將威菲路（Henry Wase Whitfield）。至 1910 年，八十多座兩層高的兵房相繼落成。日佔時期，軍營曾被日軍改為集中營，至香港重光後恢復原有用途。

九龍公園

戰後香港土地需求大增，1968 年，駐港英軍將威菲路軍營土地交還給市政局。1970 年，該處開闢為九龍公園，原有建築多被拆卸，1983 年及 1910 年落成的 S61 及 S62 號營房一度成為香港博物館（今香港歷史博物館）臨時館址。1998 年 7 月，博物館遷至漆咸道南 100 號。

1988-1989 年間，公園獲擴建及局部重建，S4、S58、S61 及 S62 號等四座 1910 年興建的營房得以保留。S4 號營房現為食物環境衛生署營運的衛生教育展覽及資料中心，S58 號營房現為香港歷史博物館的藏品庫，而 S61 及 S62 號營房現為古物古蹟辦事處營運的香港文物探知館。四座營房於 2009 年均被評為一級歷史建築。

九龍西二號炮台

九龍西二號炮台（Kowloon West II Battery）位於尖沙咀九龍公園內香港文物探知館附近，原址為前清的官涌炮台。

1863 年，英國軍隊佔領九龍半島後，以該處臨近維多利亞港，有高度戰略價值，遂於 1865 年建成九龍西二號炮台。炮台最初設有三座九吋口徑及一座六十四磅的前膛炮，後改為配置三座七吋口徑的後膛炮，1895 年則再改為配置三座十吋口徑的前膛炮，並以軍官一員及士兵五十名駐守，及後在 1900 年改為配置兩座六吋口徑的新式後膛炮，並加建指揮站。1909 年，炮台

內的大炮改為用作操練。1911 年改為配置兩座十二磅炮。1913 年，再改為配置兩座 4.7 吋口徑的速射炮。1916 年，由於炮台內的設施開始不及其他新建的炮台，而且射程受到九龍倉碼頭阻擋，炮台最終被廢棄。1989 年，在九龍公園擴建期間，炮台改建為遊樂場，取名歷奇樂園，而三個炮位上則各放置一門五吋口徑的新式後膛炮。

該炮台屬明炮台，為一種炮位外露的炮台，炮台以三合土興建而成，設有機械室、火藥庫、指揮站及三個炮位，各炮位皆設有旋轉炮架，以便發炮時作出調整。炮位之間有空心隔堆，若其中一炮位被擊中，亦不會波及至其他炮位，空心隔堆下則為火藥庫。炮台後改建成遊樂場，機械室、火藥庫及其地下室則未有開放。1997 年被評為一級歷史建築。

山頂公園

山頂公園原為舊香港總督山頂別墅，舊總督山頂別墅前身為 1862 年設立的英軍療養院。香港夏季非常炎熱，香港總督麥當奴遂於 1867 年向英國軍隊購買山頂一所已棄置的療養院地皮，興建成木造的避暑小屋別墅，即總督山頂別墅。該小屋別墅於 1874 年被颱風吹塌。1892 年，香港總督羅便臣委任工務局主管谷柏（Francis Cooper）在該址設計新別墅，然而鼠疫於 1894 年爆發，使計劃一度停頓。

1900 年，香港總督卜力重新提出計劃，由於他不喜歡工務局的設計方案，遂另行委託建築商公和洋行重新設計新別墅，由生利建築（Sang Lee Construction）建造，於 1902 年建成。此棟別墅當時被形容為「山頂最宏偉、最美觀之建築物」。

1902 年落成的總督山頂別墅仿照蘇格蘭式大宅的維多利亞

式建築風格興建，以花崗石（麻石）作為建築材料。別墅佔地約一千平方米，樓高兩層。而守衛室則屬於文藝復興式建築設計，佔地約一百平方呎，為一座單層建築。

雖然其時舊山頂道及山頂纜車已經開通，但是交通仍不大方便，因此歷任香港總督入住率不高。自 1930 年貝璐（William Peel）上任開始，再未有香港總督入住，別墅遂荒廢。

日佔時期，舊總督山頂別墅遭戰火損毀。戰後由於修葺費用高昂，加上貝璐已於粉嶺落實興建另外一座港督別墅，山頂別墅於 1946 年被拆卸，只餘下入口的守衛室及基石。

別墅原址於 1950 年代規劃成為山頂公園。1977 年，古物古蹟辦事處先後在柯士甸山道及夏力道發現刻有 "Governor's Residence"（總督官邸）的方形石頭，為前港督別墅界石。1978 年，兩塊界石分別被遷移到山頂公園近同樂徑的草坪及總督府門外的路邊花槽作展示。1979 年，加建山頂公園涼亭，涼亭前後皆放置一對石獅子。守衛室現用作山頂公園職員儲物室，鄰近放有農藝小樹苗。1995 年被列為法定古蹟。至今未開放。

深水埗公園

　　深水埗公園位於九龍深水埗荔枝角道，鄰近寶血會嘉靈學校，前身為 1927 年建成的深水埗軍營的一部分。荔枝角位於九龍半島西北面的長沙灣、蝴蝶谷以西，葵涌以東，該地土名「孻仔腳」，意即年紀最小的小孩留在沙灘上之腳印，或謂該處有一圓形突出的海角，形如一顆荔枝，因而得名。

　　1909 年，標準石油公司（Standard Oil Company）於荔枝角興建石油儲油庫。1910-1920 年間，港府在深水埗進行大規模填海工程，獲得眾多土地發展。1911 年辛亥革命，清政府被推翻，民國成立，時港督盧押擔心國內大批難民湧入本港將引起騷亂，危害本港社會穩定，遂於翌年向英政府要求加派英軍到港，協助維持秩序。英廷遂遣戴爾將軍（General Reginald Dyer）率兵八百五十名前來駐守，並於前荔枝角石油儲油庫及檢疫站處海

旁，設立深水埗軍營。軍營於 1927 年建成。

　　該軍營為駐港兩步兵營的營地，由印籍士兵入住的南京營（Nanking Barracks）（俗稱印度軍營）及英籍士兵入住的銀禧營（Jubilee Buildings）組成，位於深水埗荔枝角道與欽州街交會處，南臨海濱，北為長沙灣道，東為欽州街，西至東京街。營門位於欽州街，自營門口為一寬闊大道，橫貫全營，大道兩旁為半圓形的波紋鐵營房，排列整齊。

深水埗公園

香港淪陷後，該軍營用作戰犯集中營，用以拘禁投降的英軍及盟軍戰犯。其時，香港降兵分囚多處：長官囚亞皆老街軍營，印度兵、香港華籍軍人及星加坡皇家炮兵囚馬頭涌營，部分士兵曾一度囚北角集中營，其後全部囚於深水埗軍營。香港淪陷三年零八月間，營內戰俘備受痛苦折磨，不少因而死亡。

戰後，該軍營再度用作正規軍營地，二十世紀六十年代，銀禧營用作已婚啹喀軍人宿舍。1977年，軍營關閉，土地交回香港政府，部分用作興建荔閣邨及荔安邨。二十世紀八十年代，邨旁土地用作越南難民禁閉營，1989年難民禁閉營遷往屯門望后石，該地遂闢設公園，名深水埗公園。

如今，軍營無存，惟其入口處仍存軍營界石三塊，上刻「M.O.D. B.S.No.10軍部地界」，園內有楓樹兩株，其旁紀念牌載：「1941年至1945年期間加拿大國家軍人由於在戰俘營內備受折磨而殉職者多名，其忠烈行為，令人欽敬難忘。謹於1991年12月5日種植楓樹兩株，永為紀念。加拿大駐港退伍軍人協會。」不遠處有樹木數株，是香港戰俘聯會於1989年8月為紀念為港作戰而在集中營中受苦犧牲的人士而種植。

　　鯉魚門位於香港東區筲箕灣及柴灣之間，握進出維多利亞港東面的海門，分南北兩岸。前清時，北岸稱惡魔山，今稱魔鬼山（Devil's Peak），曾為海盜盤據；南岸為鯉魚門岬角（Lyemun Headland）。英治時期，兩岸有重要軍事建設。

　　鯉魚門公園（Lei Yue Mun Park）及度假村前身為鯉魚門軍營的一部分，軍營位於港島東區的筲箕灣鯉魚門及西灣山上，可俯覽鯉魚門，佔地 22.97 公頃。主要分為三個部分，中央兵房區域，濱海岬角地帶（Headland）低地的炮台區域，以及西灣山高地、仍然屹立山上的西灣炮台。因該處扼守維多利亞港東面入口，具有重要軍事價值，故英軍早於 1845 年便於南岸山麓設立軍營，以二十名士兵駐守。後因水土不服，部分軍士因病死亡。1847 年時，該營地只於晚上派一名哨兵駐守。1862 年，該營地亦被關閉。

鯉魚門軍營

1880 年，該處開始修築炮台堡壘，1885-1887 年間，在面向鯉魚門水道岬角上，先後建成：鯉魚門西炮台（Lyemun West Battery），置九吋大炮兩門；鯉魚門中炮台（Lyemun Central Battery），置六十四磅炮兩門；鯉魚門棱堡（Lyemun Redoubt），置六吋大炮兩門，位於活動升降炮座上。1892 年，在西炮台西面向海處，建一炮堡，內置速射炮兩門，稱鯉魚門西速射炮台（Lyemun West QF Battery），亦稱鯉魚門渡口炮台。

1895 年，於鯉魚門岬角南部西灣山上，建西灣棱堡（Sai Wan Redoubt）。1898 年，於西灣棱堡西面加建西灣炮台（Sai Wan Battery），上置六吋口徑大炮兩門，1903 年建成。1902 年，於西灣山腳建鯉魚門背面炮台（Lyemun Reverse Battery），置九吋大炮三門。1903 年，於白沙灣加設炮台，上置六吋大炮三門。1904 年，建鯉魚門榴彈炮炮台（Lyemun Howitzer Battery），安炮數目不詳。軍營及其餘建築亦陸續於 1890-1939 年期間建成。

1905 年，鯉魚門中炮台的大炮被移去，該炮台遂被放棄。同年棱堡上一門六吋大炮亦被移去。1906 年，西灣炮台被認為超越實際所需，台上兩炮被移去。1907 年，鯉魚門西炮台及鯉魚門背面炮台的大炮全被移去，兩炮台遂被空置。

1911 年，西灣炮台改置三吋高射炮兩門，鯉魚門西速射炮台改置四點七吋速射炮兩門，鯉魚門棱堡上餘六吋自動升降大

炮（Disappearing Gun）一門，白沙灣炮台亦改置六吋大炮三門，其餘各炮台皆被空置。

二戰前，鯉魚門南岸只餘白沙灣炮台的六吋大炮兩門、鯉魚門棱堡上的六吋自動升降大炮一門、鯉魚門西速射炮台的速射炮兩門，以及西灣炮台上的三吋高射炮兩門。1941年12月，日軍襲港，上述炮台全被攻佔，設施且被破壞。

戰後，鯉魚門岬角及西灣山仍被用作軍營，白沙灣炮台仍置六吋大炮一門，西灣炮台改作訓練用途，安三點七吋高射炮兩門，西灣棱堡面海處則加置三點七吋高射炮兩門。1956年，軍方決議放棄港島上各舊建炮台防禦工事，遺址及土地轉交港府應用，惟軍營仍供軍隊運用。

1977年，英軍部將鯉魚門軍營交回港府市政局，發展公共康樂用途。1985年，軍營中央部分改作鯉魚門度假村。1987年，西灣山棱堡及炮台遺址發展為公園地區，供遊人及晨運者休憩、憑弔。2000年，鯉魚門棱堡改作香港海防博物館，展示當時的軍事設備。白沙灣炮台則仍未開放供人遊覽。

鯉魚門公園及度假村

鯉魚門公園及度假村為香港康樂及文化事務署轄下的宿營營地，園內各建築物分佈於山坡不同位置，以行人道連接，部分建築物只有單程車路連接。公園及度假村共有四座家庭營舍及兩座團體營舍，設有露台、睡房、洗手間連淋浴設施。

2003 年非典型肺炎疫情期間，公園及度假村曾成為隔離淘大花園居民的地方之一。2020 年初，2019 冠狀病毒病疫情期間，此營地亦被列為全港四個檢疫中心之一。及後由於疫症擴散，政府直接委聘中國建築在場內的籃球場用地上加建臨時隔離營舍，以容納更多密切接觸者。

營內多座建築物已被評為歷史建築，部分則列入香港法定古蹟：

建築物	說明
第 3 座	1939 年落成，二級歷史建築。
第 5 座	1920-1930 年代落成，單層高，原為教堂，二級歷史建築。
第 7 座	位於網球場旁，1900 年代落成，兩層高，已評為法定古蹟。
第 10 座	位於中央軍營北面小山丘上，1890-1895 年間落成，1935 年加建新翼，長方形，三層高，已評為法定古蹟。
第 17 座	位於中央軍營北面小山丘上，1890 年落成，單層高，二級歷史建築。
第 18 座	面對操場，1890-1895 年間落成，三層高，一級歷史建築。
第 20 座	位於操場旁，1890-1895 年間落成，單層，斜頂，屋頂上有高煙囪，一級歷史建築。

第 21 座	位於操場西側，1890-1895 年間落成，兩層高，一級歷史建築。
第 25 座	1884-1890 年間落成，兩層高，三面皆有列柱支撐的陽廊，已評為法定古蹟。
第 30 座	亦稱 Masefield Block（Masefield 指詩人 John Masefield），1936 年落成，外牆上有 1936 字樣，表示其完工年份，兩層高，一級歷史建築。
第 31 座	1907 年落成，兩層高，一級歷史建築。
第 32 座	1907 年落成，兩層高，一級歷史建築。
第 33 座	1938 年落成，兩層高，二級歷史建築。
第 34 座	亦稱 Wordsworth Block（Wordsworth 指詩人 William Wordsworth），1936 年落成，三層高，二級歷史建築。

除第 21 座用作渡假村的辦事處外，餘皆用作康樂活動中心及宿舍營房，供人度假、休憩、憑弔。

蕭國健作品集

策劃編輯　梁偉基

責任編輯　張軒誦

書籍設計　a_kun　陳朗思

書籍排版　曹柏寧　吳丹娜

配圖攝影　江其信　陳朗思　張軒誦

書　　名　舊日足跡：香港地區與民生尋蹤

著　　者　蕭國健

出　　版　三聯書店（香港）有限公司
　　　　　香港北角英皇道四九九號北角工業大廈二十樓

香港發行　香港聯合書刊物流有限公司
　　　　　香港新界荃灣德士古道二二〇一二四八號十六樓

印　　刷　美雅印刷製本有限公司
　　　　　香港九龍觀塘榮業街六號四樓 A 室

版　　次　二〇二三年二月香港第一版第一次印刷

規　　格　大三十二開（140×210mm）二四〇面

國際書號　ISBN 978-962-04-5095-2

© 2023 三聯書店（香港）有限公司

Published & Printed in Hong Kong, China.

作者其他相關著述

《居有其所：香港傳統建築與風俗》
[2014 年 6 月出版，港幣 78 元]

《簡明香港近代史（增訂版）》
[2021 年 2 月出版，港幣 88 元]

《鑑古尋根：香港歷史與古蹟尋蹤》
[2021 年 6 月出版，港幣 118 元]

《石頭上的香港史》
[2022 年 7 月出版，港幣 78 元]